W0178596

Friedrich Haarhaus

JESUS

Die Romanbiografie

FRIEDRICH HAARHAUS

JESUS

DIE ROMANBIOGRAFIE

benno

Bibliografische Information der Deutschen Nationalbibliothek
Die Deutsche Nationalbibliothek verzeichnet diese Publikation in der Deutschen
Nationalbibliografie; detaillierte bibliografische Daten sind im Internet über
http://dnb.d-nb.de abrufbar.

Besuchen Sie uns im Internet:
www.st-benno.de

Gern informieren wir Sie unverbindlich und aktuell auch in unserem Newsletter
zum Verlagsprogramm, zu Neuerscheinungen und Aktionen. Einfach anmelden
unter www.st-benno.de (newsletter@st-benno.de).

ISBN 978-3-7462-3560-8

Umschlagmotiv: © ATAHAC/Shutterstock

© St. Benno-Verlag GmbH
04159 Leipzig, Stammerstr. 11
Umschlaggestaltung: Ulrike Vetter, Leipzig
Gesamtherstellung: Kontext, Lemsel (B)

INHALT

I. EINE KINDHEIT VOLLER VORZEICHEN

1. Ein Kind wird geboren
Der Erzengel Gabriel verkündet Maria die Geburt Jesu

„Gegrüßet seist du, Maria, voll der Gnade!"
Mit diesen Worten trat der Erzengel Gabriel aus dem Unsichtbaren vor die Wohnhöhle Marias.
Über die Erscheinung des Engels und die Anrede erschrak Maria: „Was hat dieser Gruß zu bedeuten?"
Der Engel erhob die Hände zum Friedensgruß: „Fürchte dich nicht, Maria; denn du hast bei Gott Gnade gefunden. Du wirst ein Kind empfangen, einen Sohn wirst du gebären, dem sollst du den Namen Jesus geben. Er wird groß sein und Sohn des Höchsten genannt werden."
Maria dachte: „Ein Kind, von solcher Hoheit angesagt? Und Gott will ihm den Namen geben? Wer einem Kind den Namen gibt und es bei seinem Namen ruft, dem ist es eigen: Gottes Sohn?"
Der Engel las Marias Gedanken: „So ist es. Jesus bedeutet ‚Jahwe ist Rettung'."
„Wie soll das geschehen? Ich bin zwar Josef zugesprochen. Doch noch bin ich nicht in seine Familie aufgenommen."
„Bei Gott sind alle Dinge möglich! Siehe, Elisabet, deine Cousine, die Frau des Priesters Zacharias, war schon alt und wird doch noch ein Kind bekommen. Sie ist jetzt im sechsten Monat."
„Ein Wunder! Doch wer bin ich, dass ich so viel Gnade bei Gott finden soll?"
„Gott hat dich auserwählt vor allen Frauen."

„Wie soll ich das Josef, meinem Verlobten, sagen?"
„Das überlass Gott! Josef wird dich beschützen und begleiten."
„Er ist dem Herrn ergeben. Ihm vertraue ich mich an."
„Gott wird dich segnen, und du wirst ein Segen sein."
„Dazu bin ich bereit. Ich bin die Magd des Herrn. Mir geschehe, wie du es gesagt hast."
Der Engel trat ins Unsichtbare zurück. Maria barg das Gesicht in ihre Hände. Was sie erlebte, konnte sie gedanklich nicht in ihr Leben einordnen. Dass Gott sie schon vor Anbeginn der Welt dazu erwählt hatte, ging ihr erst recht nicht ein: „Gott, sei mir gnädig!" –
Josef hatte seine Wohn- und Werkstatthöhle oberhalb der Wohnhöhle Marias. Arbeitete er vor dem Eingang, konnten sie sich sehen. Maria hatte als Kind mit anderen Kindern vor Josefs Höhle gespielt. Den Kindern hatte Josef gelegentlich Geschichten erzählt. Holte Maria für Josef Wasser vom Dorfbrunnen, war das eine günstige Gelegenheit, miteinander zu sprechen. Josef half Maria, wenn sie eine starke Hand brauchte.
Josef war bedeutend älter als Maria. Er baute Wohnhöhlen und zimmerte Hütten. Er hatte gerade einen Firstbalken aufgebockt und hobelte ihn. Maria trat zu ihm. Er hatte während der Arbeit freundlich zu ihr geblickt. Sie blieb stehen und wartete. Josef merkte, dass sie ihm etwas sagen wollte. Da legte er das Hobelmesser beiseite und wandte sich ihr zu: „Schalom, Maria! Wie geht es dir? Was kann ich für dich tun?"
„Josef, ich habe dir etwas zu sagen."
„Für dich bin ich immer zu sprechen."
„Ich hatte Besuch von einem Boten Gottes."
„Kenne ich deinen Boten?"
„Josef, es war ein himmlischer Bote, ein Engel."
Erschrocken wich Josef zwei Schritte zurück: „Ein Engel?"

„Gott hat mich erwählt. Ich soll den Messias zur Welt bringen."

Wie versteinert blickte er sie lange an. „Maria! Will Gott Mensch werden, durch dich?"

„Ein unbeschreibliches Licht umleuchtete den Engel. Er trat vor meine Wohnhöhle. Ich fürchtete mich. Er sagte, ich soll mich nicht fürchten, ich hätte Gnade bei Gott gefunden. Ich würde schwanger werden und einen Sohn zur Welt bringen. Gott will, er soll Jesus heißen. So wird er ihn rufen. Darum ist er sein Sohn." Sie schlug die Hände vor ihr Gesicht.

Josef legte seine Hand auf ihre Schulter: „Maria, sei so lieb, lass mich jetzt allein. Ich brauche Zeit. Ich kann es nicht fassen. Ich werde beten."

Maria schaute ihren Verlobten verständnisvoll an. Sie war ja selbst fast zu Tode erschrocken.

Josef betete, aber er meinte, er bekäme keine Antwort. Darum überlegte er bei sich, was er nun tun solle. Sollte er sie aus der Bindung an ihn freigeben? Erschöpft legte er sich auf seine Schlafstelle. Sofort fiel er in einen tiefen Schlaf. Im Traum erschien ihm ein Engel: „Friede sei mit dir, Josef! Sei ohne Furcht! Bleib bei Maria! Was ihr geschieht, ist Gottes Wille. So hatte schon der Prophet Jesaja geweissagt: ‚Seht, die Jungfrau wird ein Kind empfangen; sie wird einen Sohn gebären und wird ihm den Namen Immanuel (Gott mit uns) geben.' Immanuel ist sein Beiname. Gott wird ihn mit ‚Jesus' ins Leben rufen. So sollst auch du ihn nennen für ihn und Maria sorgen. Er ist der Messias."

Für ein paar Augenblicke stand die Zeit für Josef still. Dann willigte er ein, für seine Verlobte und das Kind da zu sein. Josef gehörte zur Sippe Davids im Stamm Juda. Die Generationenkette ging zurück bis zu Isai, Davids Vater, und noch darüber hinaus.

2. Gebenedeit unter den Frauen
Der Besuch Marias bei Elisabet

Oft hatte Josef außerhalb Betlehems zu tun und war monatelang unterwegs – so auch nach dem Besuch des Erzengel Gabriels. Maria nutzte die Zeit zu einem Besuch bei ihrer Base Elisabet. Die wohnte im gebirgigen Teil Judäas. Als Maria sie begrüßte, hüpfte das Kind vor Freude in Elisabets Leib. Von Gottes Geist erfüllt begrüßte sie Maria mit den Worten:
Gepriesen bist du mehr als alle anderen Frauen,
und gesegnet ist die Frucht deines Leibes …
Wer bin ich, dass die Mutter meines Herrn zu mir kommt?
Selig ist die, die geglaubt hat,
dass sich erfüllt, was der Herr ihr sagen ließ.
Gottes Geist übertrug sich auch auf Maria. Sie hatte Zeit gehabt, über ihr Schicksal nachzudenken. Ihre Gedanken waren jedesmal in ein Gebet gemündet. Sie hatte es sich oft vorgesagt. Jetzt brach es aus ihr hervor:
Meine Seele preist die Größe des Herrn,
und mein Geist jubelt über Gott, meinen Heiland.
Denn auf die Niedrigkeit seiner Magd hat er geschaut.
Siehe, von nun an preisen mich selig alle Geschlechter.
Denn der Mächtige hat Großes an mir getan,
und sein Name ist heilig.
Er erbarmt sich von Geschlecht zu Geschlecht
über alle, die ihn fürchten.
Er vollbringt mit seinem Arm machtvolle Taten:
Er zerstreut, die im Herzen voll Hochmut sind;
er stürzt die Mächtigen vom Thron
und erhöht die Niedrigen.
Die Hungrigen beschenkt er mit seinen Gaben
und lässt die Reichen leer ausgehen:

Er nimmt sich seines Knechtes Israel an
und denkt an sein Erbarmen,
das er unseren Vätern verheißen hat,
Abraham und seinen Nachkommen auf ewig.
Maria blieb drei Monate bei Elisabet. Die Frauen hatten sich
viel zu sagen. Gott war gegenwärtig, wenn sie miteinander
sprachen und beteten. Maria diktierte ihren Lobpreis später
einem Schreibkundigen. So fand es den Weg in die Bibel.

3. Ein beschwerlicher Weg
Zur Volkszählung nach Betlehem

Maria war im vierten Monat schwanger, als sie von Elisabet zu Josef nach Nazaret zurückkehrte. Die Zeit verging
wie im Fluge. Jesu Geburt rückte näher. Doch eine schwere
Zeit stand ihr und Josef noch bevor. Die Steuerschätzung,
die Kaiser Augustus für sein Reich angeordnet hatte, sollte
nun auch in Judäa durchgeführt werden. In anderen Provin-
zen hatte sie zu Protesten und Aufständen geführt. Sie waren von den Römern blutig niedergeschlagen worden. Auch
wenn viele glaubten, von Augustus gehe ein göttlicher Glanz
aus – die von ihm befohlenen Steuererhebungen förderten
nicht seine Beliebtheit. Jede Scholle wurde vermessen: alle
Wiesen, Wälder, Obstbäume, Weinstöcke, Tiere, Scheunen,
Wohn- und Stallhöhlen, Häuser aus Lehm oder aus Stein. Mit
steuergünstigen Angaben wollten sich viele Steuerschätzer
verdient machen. Das Alter der Jüngeren wurde oft höher,
das der Älteren niedriger eingestuft, um höher besteuern
zu können. Frauen mussten gegen ihre Männer, Kinder gegen ihre Eltern, treue Sklaven gegen ihre Herren aussagen.
Günstige Angaben wurden oft mit Stockschlägen und Fol-

terungen erzwungen. Für Gewaltanwendungen dienten den Steuerschätzern Legionäre, die sie begleiteten.

Alle Meldepflichtigen, ob krank, schwach, alt, behindert, mussten sich in die Steuerlisten eintragen lassen, und wenn sie auf dem Rücken eines Gesunden, auf einer Trage oder auf einem Karren herbeigeschafft wurden. Josef musste zu einem festen Zeitpunkt in Betlehem, dem Ort der Sippe Davids, im Stammgebiet des Stammes Juda sein. Maria und Josef hatten einen beschwerlichen, dazu noch gefährlichen Weg durch das gebirgige Samarien vor sich. Die Samariter hassten die Juden. Die Menschen aus Galiläa und aus noch nördlicheren Gebieten pilgerten mit Nachbarn, Verwandten und Freunden in Gruppen zu fünfzig bis hundert Personen zum Tempel in Jerusalem. Vor allem bei ihren Nachtlagern im Freien wollten sie geschützt sein. Maria schleppte sich mühsam, gestützt auf Josef. Eine Strecke, für die sie sonst vier Tage brauchten, bewältigten sie in fast der doppelten Zeit. Weil sie alleine gingen, waren sie weniger geschützt als in einer Gruppe. Städte und Dörfer mussten sie auf teilweise gebirgigen Pfaden umgehen. Auch für ihr Nachtlager mussten sie sich einen Platz abseits von bewohnten Gegenden und begangenen Wegen suchen.

Mit Verzögerung erreichten sie Betlehem. Entfernt Verwandte und Freunde Josefs hatten ihre Schlafplätze schon an andere Sippenangehörige vergeben. Alle Lehmhütten und Wohnhöhlen waren überfüllt. Auf den Straßen und Gassen begegneten sie grimmig dreinschauenden Legionären. Die hätten lieber etwas anderes getan, als auf Befehl der Steuerschätzer wehrlose Menschen zu schlagen. Einige hatten zwar ihre sadistische Freude an deren Wehklagen. Andere ließen ihre Wut über ihre scheußliche Arbeit an Wehrlosen aus. Den Dienst an der Waffe hatten sie sich anders vorgestellt. Aber dem „anzubetenden Kaiser", so stand es auf Münzen zu lesen, hatten sie Treue geschworen. Für Augustus, den „Erhabenen", mussten sie an Opfergottesdiensten teilnehmen und vor dessen Standbild Weihrauchkörner streuen.

Den Kaiser als einen Gott anzubeten, widerstrebte vor allem den Juden. Ihr Gott war Jahwe, der sie aus dem Ägyptenland geführt, der mit ihnen am Sinai einen Bund geschlossen und dem Mose zwei Gesetzestafeln mit den Zehn Geboten gegeben hat. Gott duldete keine Götter neben sich. Lieber ertrug Josef Stockschläge, als den Kaiser anzubeten und vor dessen Standbild Weihrauchkörner zu streuen.

Die Großfamilien wurden wie Viehherden auf dem Dorfplatz zusammengetrieben. Man hörte das Wehklagen von Geschlagenen und Gefolterten. Maria betete kaum hörbar: „In diese Welt willst du, Allmächtiger, geboren werden?" In ihrer Fürbitte erbarmte sie sich aller: „Großer Gott, du liebst diese Welt. Du liebst auch uns. Erbarm dich der Opfer dieser Schätzung! Vergib denen, die ihnen ihre Willkür spüren lassen. Dir sei Dank, dass du dich der erlösungsbedürftigen Menschen annimmst! Deine Güte ist groß, deine Liebe unermesslich. Du kommst zu uns und willst das Leben mit uns teilen. Dir sei Dank! Ich bete dich an."

Wäre dem Kaiser die Kunde überbracht worden: „Deine Schätzung wird von Gott benutzt, um nicht in Nazaret, sondern in Betlehem, wie prophezeit, zur Welt zu kommen", er hätte nur müde gelächelt und gefragt: „Was ist das für ein Gott? Hat er ein Standbild im Pantheon?" Für ihn galten nur die Götter, deren Standbilder dort neben seinem standen. Schon bald, nachdem er sich brutal und skrupellos gegen seinen Konkurrenten durchgesetzt hatte und allein herrschte, war ihm schon in Pergamon, „wo der Thron des Satans steht", ein Tempel errichtet worden. Der Senat hatte ihm den Titel „Augustus" (Erhabener) verliehen. Die Römer glaubten, dass die Götter ihn in ihre Pläne einweihen und er die göttlichen Pläne ausführt. Im Jahr 12 v. Chr. war er zum obersten Priester (Pontifex maximus) gewählt worden. Wen wundert's, dass ihn das Volk als den von den Göttern aus dem Olymp gesandten „Friedensfürst" verehrte!

Jesaja aber hatte Jesus als Friedensfürst prophezeit: „Denn uns ist ein Kind geboren, ein Sohn ist uns geschenkt. Die Herrschaft liegt auf seiner Schulter; man nennt ihn: Wunderbarer Ratgeber, Starker Gott, Vater in Ewigkeit, Fürst des Friedens. Seine Herrschaft ist groß, und der Friede hat kein Ende. Auf dem Thron Davids herrscht er über sein Reich; er festigt und stützt es durch Recht und Gerechtigkeit, jetzt und für alle Zeiten." Jesus wurde der Nazarener genannt, weil er in Nazaret wohnte und dort aufgewachsen war. Der Hohepriester und die Pharisäer dachten, aus Nazaret kommt niemals der Messias. Triumphierend hatten sie Nikodemus vorgehalten: „Der Prophet kommt doch nicht aus Galiläa." Sogar Natanael, den der Apostel Philippus zu Jesus führte, fragte kritisch: „Aus Nazaret? Kann von dort etwas Gutes kommen?" Philippus antwortete: „Komm und sieh!" Und er kam, sah und blieb als ein Jünger Jesu.

4. Gott wird Mensch
Die Geburt Jesu und der Besuch der Hirten

Maria hatte heftige Wehen. Sie erreichten gerade noch eine Stallhöhle am Rand von Betlehem. Kein gastlicher Ort. Aber ihnen blieb keine Wahl. Sie gingen hinein. Josef holte Heu und Stroh und schüttete es zu einem Lager auf. – Es war Nacht geworden. Die Lichter von Betlehem waren verloschen. Draußen war sternenklare Nacht. Das Dunkel der Welt sollte von dem Licht Gottes erhellt werden. Der Friedefürst Gottes kam zur Welt, ein hilfloses Bündel Mensch. Ein unhörbarer Jubelruf der Himmlischen zerriss die gottferne

Finsternis. Bis in die unendlichen Weiten des Kosmos pflanzte er sich fort: Ein Widerschein der Quelle allen Lichts fiel auf die Erde. In dem soeben zur Welt gekommenen Kleinsten war der Größte, in dem Ohnmächtigen der Allmächtige, in dem Erschaffenen der Schöpfer, in dem Hilflosen der Heiland und Erlöser gegenwärtig, zum Heil aller Kreatur und zum Lobe Gottes. „Als aber die Zeit erfüllt war, sandte Gott seinen Sohn, geboren von einer Frau und dem Gesetz unterstellt, damit er die freikaufe, die unter dem Gesetz stehen, und damit wir die Sohnschaft erlangen."

Nicht weil das Maß des Erträglichen voll war, kam Gott zur Welt. Er kam nicht zum Strafgericht. „Er hat die Welt so sehr geliebt (und liebt sie noch), dass er seinen einzigen Sohn hingab, damit jeder, der an ihn glaubt, nicht zugrunde geht, sondern das ewige Leben hat." Der Schöpfer liebt seine Geschöpfe. Er will sie und seine Schöpfung erhalten. Sein Brückenschlag vom Himmel zur Erde geschah aus Liebe: Der Graben von Schuld blieb, aber Gott überbrückte ihn. „Gott ist die Liebe, und wer in der Liebe bleibt, bleibt in Gott, und Gott bleibt in ihm."

Während die Bewohner Betlehems schliefen, wachten die Hirten auf dem Feld bei ihren Schafen. Viele Schafe waren trächtig. Sie wollten ihnen bei der Geburt beistehen. Da trat ein Engel aus dem Unsichtbaren vor sie. Gottes ewiges Licht umleuchtete ihn. Diesen Einbruch der Gotteswelt in die Dunkelheit irdischen Daseins erschütterte sie. Der Engel jedoch hob die Hände zum Friedensgruß: „Fürchtet euch nicht, denn ich verkünde euch eine große Freude, die dem ganzen Volk zuteil werden soll: Heute ist euch in der Stadt Davids der Retter geboren; er ist der Messias, der Herr." Heerscharen von Engeln erfüllten darauf den nächtlichen Himmel. Mit glockenklaren Stimmen sangen sie Gott zur Ehre, den Menschen zur Freude:

Verherrlicht ist Gott in der Höhe,
und auf Erden ist Friede
bei den Menschen seiner Gnade.

Geblendet waren die Hirten keineswegs, als es wieder Nacht um sie wurde. Ihnen war, als leuchtete das himmlische Licht nun in ihnen. Alle Schmerzen, Sorgen und Grübeleien waren verflogen, erst recht aller Gram, Hass, Neid und Ärger. Der Älteste raffte sich auf und sprach mit einer auf einmal wohl lautenden Stimme, ganz anders als sonst: „Lasst uns gehen, das Wunder zu sehen, das uns der Engel verkündet hat!"

Der Jüngste hatte mit einmal eine glockenhelle Stimme. Er fragte: „Warum ist ausgerechnet uns der Heiland geboren?"

„Allen ist er geboren, nicht nur uns. Gott liebt alle."

„Doch warum vertraut er uns zuerst seine Nachricht an?"

„Ja, warum uns, die wir kaum mehr wissen, als wie man mit Schafen umgeht?"

„Und der Umgang mit Schafen erschwert uns, religiös rein zu sein."

„Erbarmt sich Gott unserer, weil wir als unrein verachtet werden?"

„Kommt! Wenn wir sehen, was geschehen ist, werden wir mehr verstehen."

Sie nahmen ein weiches Fell von einem Lamm und machten sich auf den Weg. Leichtfüßig, als seien sie selber Engel, als schwebten sie, gingen sie zur Stallhöhle.

Unterwegs spielte einer mit seiner selbst gebastelten Rohrflöte die Melodie der Engel, andere sangen dazu. So wollten sie der jungen Mutter die Botschaft der Engel vortragen.

„Da ist der Eingang zur Stallhöhle!" – Auf Zehenspitzen gingen sie hinein. Sie sahen ein Neugeborenes wie alle Neugeborenen, aber ihre Augen leuchteten. Für sie war es der Messias, der Heiland der Menschen. Denn Gott hatte die Augen ihres Herzens erleuchtet. Der älteste Hirte kniete bereits vor der Krippe. Sein bärtiges, wettergebräuntes, zerfurchtes

Gesicht wirkte wie verklärt. Zart berührte er das Händchen des Kindes und küsste es. Auch der nächste kniete nieder. Sein Gesicht strahlte von einem inneren Frieden. Der dritte stand noch, er machte große Augen, als käme er aus dem Staunen nicht heraus. Ein vierter trat hinzu. Den Hut hatte er vom Kopf gezogen und hielt ihn in der Hand. Er blickte über die anderen hinweg, auch seine Augen waren weit geöffnet. – Maria nahm das Kind und hielt es ihnen entgegen. Vor Ergriffenheit standen den Hirten Tränen in den Augen. Das war ein Augenblick himmlischer Freude für sie. Obwohl sie nicht viel besaßen, aber alles hätten sie dafür gegeben: Gott war als Mensch zur Welt gekommen!

Mit sanfter Stimme berichtete der Jüngste von der Erscheinung des Engels und seiner Botschaft. Den Gesang der Engel, wie sie ihn auf dem Hinweg gesungen hatten, trugen sie vor. Was aber war mit ihren Stimmen geschehen? Sie klangen nicht mehr heiser, brüchig und rau wie sonst. Sie waren wie verwandelt. Maria gaben sie das mitgebrachte Lammfell. Leise, wie sie gekommen waren, verließen sie die Stallhöhle. Auf dem Weg zurück sprachen sie erregt miteinander:

„Es ist ein Kind. Ja. Aber das ist zu wenig gesagt", meinte einer.

„Ein Mensch ist es, und doch mehr", bestätigte ein anderer.

„Wissende Augen hatte es, wie – wie – ja, wie ein Lamm auf der Schlachtbank."

„… als sähe es weit in die Zukunft."

„Warmherzige Augen hatte es, und doch zugleich traurige."

„Seine Augen hatten den Widerschein überirdischen Lichts."

„Wir Hirten sehen vieles, weil wir mehr fühlen als wissen."

„Kommt, lasst uns singen!" rief der Jüngste voll Freude.

Sie sangen das Lied der Engel. – Es weckte viele aus dem Schlaf. Eine guckte aus dem Haus: „Was ist das? Ein frommer Gesang zu nachtschlafender Zeit?" Andere fühlten sich gestört.

Maria lächelte glückstrahlend. Josef träumte vor sich hin. Himmelweit zog ein Stern einen Schweif. Über dem Eingang zur Stallhöhle blieb er stehen. Die ihn sahen, wussten nicht, wie ihnen geschah.

5. In den Sternen stand's geschrieben
Die drei Sterndeuter aus Persien

Die Hirten auf dem Feld bei Betlehem ahnten, dass die Geburt des Messias in der Stallhöhle ein weltbewegendes, ein kosmisches Ereignis war. Sie wussten nicht, dass die Babylonier lange zuvor schon aus den Sternen errechnet hatten, wann der König aller Könige, der König der Endzeit in Judäa geboren wird – nämlich dann, wenn sich der Planet Jupiter und der Planet Saturn im Sternzeichen der Fische überlagern werden. Mit Spannung erwartete man in den Ländern um das Mittelmeer dieses Datum. Doch nicht in einem Königspalast wurde der angehende König geboren. Das beunruhigte König Herodes. In seinem Palast gab es kein Neugeborenes.
Ehrerbietig nahten sich dem König in Rom seine Sterndeuter: „Nach dir, du Sohn des Vergöttlichten, Erhabener, Oberster Priester, Vater des Vaterlandes, kommt kein so großmächtiger Herrscher mehr wie du. Du beherrschst den bewohnten Erdkreis und stehst am Ende der Zeiten. Judäa ist der Schemel deiner Füße. Auf dich deutet das Sternbild. Denn Herodes, den König von deinen Gnaden, hast du eingesetzt. Dir ist er untertan. Gepriesen bist du für alle Zeiten!" Der Kaiser belohnte seine Sterndeuter kaiserlich und war sich sicher, die Erscheinung am Sternenhimmel, lange im voraus schon errechnet, deutet selbstverständlich auf ihn.

Der persische König war weniger stolz. Er bezog das Stern-zeichen nicht auf sich. Er wollte sein Land vor Gefahren schützen. Darum rief er die Sterndeuter des Landes in seinen Palast:

„Unsere Vorfahren hatten die Herrschaft unseres großen und mächtigen Reiches wiederholt bis an das Mittelmeer ausgedehnt. Aber jetzt soll ein alles beherrschender König in Judäa geboren werden. Ist das eine Gefahr für uns? Wie seht ihr das?"

Der Sprecher der persischen Sterndeuter- und Priesterkaste meldete sich:

„Ehrwürdiger König unseres an Macht und Ansehen alle Länder überragenden Reiches, du weißt, wir beobachten auf unseren Sternentürmen den Nachthimmel. Aus den Bahnen der Sterne errechnen wir Vergangenes und Zukünftiges. Es trifft zu, was unsere Vorfahren, die Babylonier, schon errechnet hatten. Im königlichen Archiv werden ihre Tontafeln aufbewahrt, auf denen in Keilschrift eingekerbt steht, wann der von dir genannte König in Judäa geboren wird. Aber was sie kommen sahen, muss auf keine politische Weltbeherr-schung deuten."

Ein weißhaariger Priester und Sterndeuter bat ums Wort:

„Weiser Herrscher, machtvoller König, ich spreche für drei Freunde. Wir kommen aus dem Teil deines Reiches, in dem das Volk der Judäer zur Zeit der Babylonier siebzig Jahre in Gefangenschaft lebte. Ein kleiner Teil blieb in unserem Land, als König Kyrus das Volk zurückführte. Seit Generationen pflegen sie, von uns geduldet, ihre Religion. In ihren pro-phetischen Schriften wird ein Nachfahre ihres Königs David geweissagt, der vor tausend Jahren gelebt hat. In Betlehem, im jüdischen Land, soll er geboren werden. Von ihm heißt es, er sei Gottes Sohn. Er werde der Welt Frieden, Recht und Gerechtigkeit bringen. Er wird keine Völker unterjochen."

Eine lang anhaltende Stille folgte. Schließlich fuhr der Weißhaarige fort: „Ehrwürdiger König, wir drei Freunde sind bereit, nach Judäa zu reisen. König Herodes von Judäa steht zwar in dem Ruf, über Leichen zu gehen, wenn er sich bedroht fühlt. Er hat sich nicht gescheut, Familienangehörige und Freunde hinrichten zu lassen. Er ist misstrauisch und argwöhnisch. Überall hat er seine Spitzel, möglicherweise auch bei uns. Weil er bereits in jungen Jahren vor einem Heer der Parther fliehen musste, das sein Land eroberte, wird er uns verdächtigen, wir wollten sein Land für eine Eroberung auskundschaften. Um diesem Verdacht zu entkräften, werden wir nicht gleich nach Betlehem reisen, sondern zu seinem Palast und ihn fragen, ob der Neugeborene bei ihm zu finden ist."

Der persische König dankte den drei Sterndeutern: „Herodes hat durch Großbauten, auch als tatkräftiger Unternehmer, kluger Kaufmann und geschickter Diplomat, durch seine Verwaltung und durch sein Heer Ruhm erworben. Aber es stimmt: Er geht über Leichen, wenn er seinen Thron in Gefahr sieht. Gebt ihm meinen Friedensgruß!"

Für ihre Reise gab ihnen der König schnelle Kamele, eine starke Bewachung und Geschenke mit. Ihre Karawane war noch in der Wüste, da wusste König Herodes schon Bescheid. Die Sterndeuter machten zuerst vor seinem Palast Halt. Sie überbrachten ihm den Friedensgruß und die Geschenke ihres Königs. Danach berichteten sie von dem Stern des neugeborenen Königs und fragten, ob der junge König in seinem Palast zu finden sei.

Auch Herodes wusste von dem Sternenbild. Aber dass Perser dem Neugeborenen in seinem Land huldigen wollten, beunruhigte ihn: Sollte seiner Dynastie durch den Neugeborenen ein Rivale erwachsen? Er rief die Schriftgelehrten zu sich: „Wo könnte in meinem Land ein König geboren sein?"

Sie wiesen sogleich, aufgrund der Weissagung des Propheten Micha, auf Betlehem. Den drei Sterndeutern gegenüber

– sie waren zugleich lokale Könige – verhielt sich Herodes recht freundlich. Er erkundigte sich genauer nach dem Stern und bat sie, nach ihrem Besuch in Betlehem zu ihm zurückzukehren. Auch er wolle den neugeborenen König anbeten. Doch aus seinen Augen, den Fenstern der Seele, blitzten Bösartigkeit, Gewalttätigkeit und Hinterlist.

Erleichtert schieden die Sterndeuter von ihm. Es wurde Abend. Die Nacht brach herein. Am Himmel leuchteten die Sterne. Der Stern, dem sie folgten, leuchtete heller, als sie ihn in ihrem Land beobachtet hatten. Er wies ihnen den Weg. Über dem Eingang zur Stallhöhle am Rand von Betlehem blieb er stehen. Sie fanden das Kind, seine Mutter und Josef. Die heilige Familie zu erleben, war für sie ein Geschenk Gottes. Das Neugeborene bei Ochs und Esel überraschte sie nicht. Arm und unbedeutend war die heilige Familie durch ihre Unauffälligkeit geschützter als eine reiche, prominente Familie.

Was sie nicht auszusprechen wagten – denn bestimmt hatte ihnen König Herodes Spitzel nachgeschickt –, drückten sie in Geschenken aus: Gold dem König aller Könige, Weihrauch, der im Gebet zu Gott aufsteigt, dem König der Endzeit, Myrrhe, gemischt mit Aloe, zum Einbalsamieren eines Leichnams. Maria verstand, was sie damit sagen wollten: Wird Gott Mensch unter Menschen, nimmt das kein gutes Ende. Sie hielt das Kind vor sich auf dem Schoß. Obwohl noch ein Säugling, stand es aufrecht und hob seine Hände zum Segen. Tief gebeugt knieten die drei Weisen. Sie huldigten dem Mensch gewordenen Schöpfer. Sie erlebten Gott, der sich als Mensch den Menschen ausliefert. Als sie sich wieder auf den Weg machten, sprachen sie zueinander: „Grundlose Liebe ist es, die Gott für uns Menschen Mensch werden lässt."

Im Traum gebot Gott ihnen, nicht zu Herodes zurückzukehren. Das bestätigte ihre Meinung von diesem Herrscher. Mit ihrer Karawane wichen sie von ihrer Route, überquerten den Jordan und eilten in die Wüste. Herodes erhielt die Nachricht. Er entbrannte in wildem Zorn und tobte. Doch er verzichtete darauf, sie mit seinem Heer einzuholen. Er hätte es gekonnt. Aber er war klug genug, die Großmacht Persien zu keinem Krieg herauszufordern.

Den Kopf in die Hand gestützt, lauschte der König von Persien dem Bericht der drei Sterndeuter:

„Eine Gefahr für die Völker, geliebter und verehrter König, besteht nicht. Würden die Völker auf den König aller Könige hören, würde sich Frieden über die ganze Welt ausbreiten."

Bis in den späten Abend dauerte das Gespräch.

6. In einer gefährlichen Zeit
König Herodes

Maria widmete sich in Liebe ihrem Kind. Josef trat vor die Höhle. Er schaute zur Burgfeste des Herodes. Von tausend Sklaven hatte er sich einen hohen Bergkegel aufschütten lassen. Wie viele Sklaven dabei zu Tode gekommen waren, wusste keiner. Einige waren zu Tode geprügelt und weggeschafft worden. Sklaven waren für Herodes keine Menschen. Für diesen „Hund" oder „Bluthund", wie die Bevölkerung ihn nannte, waren sie nur Besitz und ersetzbar. In den hohen Bergkegel hatte sich Herodes eine luxuriöse Fluchtburg bauen lassen.

Während Josef noch hinüberblickte und seinen Gedanken nachhing, kamen einige seiner entfernten Verwandten. Ihnen war die Karawane, die bei der Stallhöhle Halt gemacht hatte, aufgefallen. Einige hatten beobachtet, dass reich Gekleidete mit Geschenken dort hineingegangen waren. Sie waren neugierig und wollten wissen, warum eine ganze Karawane von weither zur Geburt eines Kindes armer Leute gekommen war. Auch sie wollten das Kind sehen.

Einer stellte sich neben Josef. Er legte den Arm auf Josefs Schulter: „Du staunst über so einen hohen, künstlichen Berg, den sich unser Landesvater hat aufschütten lassen. Auf den Berg lässt dich keiner. In den Bergkessel hat er sich eine Luxusburg bauen lassen. Zieht er durch Betlehem dorthin, werden wir von seinen Söldnern aus den Straßen geprügelt. Kein Mensch und kein Hund darf sich blicken lassen."

„Euer Sohn ist in einer gefährlichen Zeit geboren", ergänzte ein anderer. „Du hast es ja selbst zu spüren bekommen, wie hart die Römer gegen uns vorgehen. Aber das ist nichts gegen Herodes: Als über tausend Pharisäer sich weigerten, der Kaiserstatue Weihrauchkörner zu streuen, bekam er einen Tobsuchtsanfall. Er reagierte mit einer Hinrichtungswelle. Seine eigenen Hofleute hat er nicht geschont. Als sich dreihundert Offiziere seines Heeres auflehnten, ließ er auch sie töten."

Josef hatte davon gehört, aber es nicht glauben können: „Aber er hat auch Gutes getan: Er hat den Tempel von Grund auf erneuert, den Königspalast, das Theater und das Amphitheater in Jerusalem gebaut. Eine Wasserleitung nach Jerusalem hat er legen lassen. Die Stadt Caesarea am Meer mit einem Hafen hat er gegründet, am See Gennesaret die Stadt Tiberias, und er hat den Felsen Massada zur Festung ausbauen lassen."

„Ja, ein Baulöwe ist er. Er baute auch die Stadt Samaria aus und nannte sie zu Ehren des Kaisers ‚Sebaste'. Auch ist er ein geschickter Unternehmer: Er gewinnt Erdpech am Toten Meer zum Kalfatern von Holzschiffen. Er fördert Kupfer in einer Mine auf Zypern, die er vom Kaiser gepachtet hat. Aus Kupfer und Zinn lässt er Bronze herstellen. Übersee- und Binnenhandel blühen. Wir brauchen ihm weniger Steuern zu zahlen."

„Er ist sogar ein Wohltäter: Als es nach lang anhaltender Dürre zu Hungersnot und Seuchen kam, organisierte er mit Getreide aus Ägypten eine Hilfsaktion. Auch setzte er sich für die verfolgten Juden in Kleinasien und Zyrene ein. Mit einer großzügigen Spende rettete dieser Krösus sogar die Olympischen Spiele vor dem Ruin."

„Aber brutal war er leider schon immer: Als junger Landesherr hat er Widerständler und ihre Familien in deren Wohnhöhlen ausgeräuchert. Er befreite das Land von den Parthern, die es erobert hatten und vor denen er hatte fliehen müssen. Doch danach tötete er alle, die mit den Parthern sympathisiert hatten, selbst wenn sie Mitglieder des Hohen Rats waren. Gnadenlos ging er im Krieg gegen die Nabatäer vor. Seine zweite Frau Mariamne, deren Großvater, Mutter und Bruder sowie seinen besten Freund ließ er töten."

Mit ernster Stimme ergänzte ein Älterer, die anderen nickten dazu: „Du musst dich nicht wundern, wenn wir eines Tages gegen ihn und die Römer einen bewaffneten Aufstand durchführen."

Josef führte seine entfernt Verwandten in die Stallhöhle. Zu Maria sagte er nichts von dem, was sie ihm erzählt hatten. Er wollte sie nicht beunruhigen.

7. In Gefahr
Simeon und die Prophetin Hanna

Kaum hatte Josef die Besucher verabschiedet, sah er schon andere aus dem Ort kommen. Vor dem Andrang von vielen Neugierigen konnte die Heilige Familie gerade noch rechtzeitig aufbrechen. Sie gingen zu nahen Verwandten nahe bei Jerusalem und blieben dort einige Tage. Von dort nahmen sie Jesus mit zum Tempel. Denn alles männlich Erstgeborene musste acht Tag nach der Geburt dem Herrn geweiht werden. Josef kaufte zwei junge Tauben. Mehr brauchten Ärmere nicht für die Darstellung ihres männlichen Erstgeborenen zu opfern.

Bevor sie zu einem Priester kamen, trat Simeon, ein ehrwürdiger blinder Greis, auf sie zu: „Mir ist ein Wort von Gott zuteil geworden, ich werde nicht sterben, bevor ich den Messias gesehen habe. Als ihr mit dem Kind hereinkamt, wusste ich: Jetzt ist die Stunde gekommen. Ihr bringt den Gesalbten, auf den ich mein Leben lang gehofft habe."

Maria wurde bewusst: „Ich bringe mein Kind der Welt dar." Sie legte es Simeon in die Arme. Er trat mit dem Jesusknaben vor Gott und betete:

„Nun lässt du, Herr, deinen Knecht,
wie du gesagt hast, in Frieden scheiden.
Denn meine Augen haben das Heil gesehen,
das du vor allen Völkern bereitet hast,
ein Licht, das die Heiden erleuchtet,
und Herrlichkeit für dein Volk Israel."

Zu Maria gewandt sagte er: „Doch ihm wird auch widersprochen werden. Es wird dich, Maria, verletzen. Wie ein Schwert wird es deine Seele durchdringen."

Danach trat eine gottesfürchtige Alte, die Prophetin Hanna, auf sie zu. Auch sie pries Gott und dankte für dieses Kind. Den Umstehenden predigte sie, dass Jesus zur Erlösung Jerusalems gekommen sei und viele zu Gott bekehren wird.

Jemand rückte näher zu Josef:

„Ist euer Kind in Betlehem geboren?" – Josef bejahte.

„Bestimmt haben euch die vornehmen, reichen Perser dort besucht." – Auch das bejahte Josef.

„Wir haben Verwandte in Jerusalem. Die haben mir erzählt, dass diese vornehmen, reichen Perser mit ihrem Gefolge vorher bei König Herodes Halt gemacht haben. Dieser misstrauische Herrscher wird ihnen Beobachter nachgeschickt haben. Irgendeinen Verdacht hat er geschöpft. Er soll angeblich befohlen haben, alle Kinder bis zum Alter von zwei Jahren in Betlehem und Umgebung zu töten."

Josef wich erschrocken zurück.

„Vielleicht sucht er euer Kind, wenn die beiden, der blinde Simeon und die Prophetin Hanna, so Ungewöhnliches über es zu sagen haben. Heute morgen sah ich Kolonnen von Söldnern des Herodes in Richtung Süden marschieren. Aber dieser Bluthund führt noch mehr im Schilde. Vielleicht verzögert sich dadurch der Kindermord oder er lässt ihn sein."

Josef sah den Mann fragend an. – Der fuhr fort:

„Seine beiden Söhne Alexander und Aristobul von seiner zweiten Frau Mariamne hat er des Hochverrats angeklagt. Mit Billigung des Kaisers wurden sie hingerichtet. – Weil Herodes in einer anderen Angelegenheit, ohne den Kaiser zu fragen, gehandelt hat, wurde er vom Kaiser zum Untertan degradiert. Seitdem tut dieser Blutrünstige alles, um sich beim Kaiser wieder beliebt zu machen."

Josef bedankte sich für die Nachrichten. Er nahm Maria beim Arm und ging mit ihr und dem Kind aus dem Tempel: „Es tut mir leid, Maria. Wir müssen weg von hier und aus diesem Land, bevor noch mehr Menschen auf das Kind aufmerksam werden."

„Können wir noch diese Nacht bleiben? Ich habe einiges vorzusorgen."

„Ja, Maria, es gibt noch vieles zu überlegen."

8. Auf der Flucht
Die Heilige Familie flieht nach Ägypten

Josef hatte recht. Sie hätten nicht mehr ruhig schlafen können, wären sie in Judäa geblieben. Immer mehr Menschen fragten neugierig nach dem Jesus-Kind. Die Kunde war schon zu Herodes gedrungen. Er hatte die Grenzposten verstärkt. In der Nacht erschien dem Josef ein Engel im Traum: „Steh auf, nimm das Kind und seine Mutter und flieh nach Ägypten; dort bleibe, bis ich dir etwas anderes auftrage; denn Herodes wird das Kind suchen, um es zu töten." Noch im Schutz der Dunkelheit brachen sie auf. Die Grenzposten passierten sie unbeschadet. Als seien sie für Verfolger, Wegelagerer und wilde Tiere unsichtbar, entkamen sie allen Gefahren, auch Hitze, Durst und Hunger. Maria war beglückt über diese Führung Gottes: „Merkst du, Josef, unsichtbar und doch spürbar steht uns Gottes Engel zur Seite."
In Ägypten fanden sie Asyl. Das Gold der Sterndeuter bewahrte sie vor Not. Maria konnte sich ihrem Kind widmen. Als sie, allen Gefahren entkommen, an einem Abend vor ihrer Hütte saßen, atmete Maria erleichtert auf: „Nun sind wir den Spuren unseres Vaters Abraham und unseres Volkes nach Ägypten gefolgt. Gott gebe, dass wir wieder heimfinden!"
„Solange Herodes regiert, müssen wir hier bleiben."
„Wir leiden keine Not, aber Gott ist im Tempel gegenwärtig."
„Auch mir fehlt Gottes Gegenwart in den Opferfeiern."
„Eigentlich bleiben wir auch in Jerusalem Gäste auf Erden."
„Ja, Maria, in Gottes Herrlichkeit ist unsere ewige Heimat."
„Von dort hat uns Gott bei unserem Namen in unsere irdische Heimat gerufen. Auch wir kommen, wie dieses Kind Jesus, aus Gottes Nähe."
„Ein Ahnen davon begleitet uns durchs ganze Leben."

Drei Jahre blieben sie in Ägypten. Die Zeit wurde ihnen lang. Sie hatten Freunde, die am Hofe des Pharaos dienten. Durch sie erfuhren sie, wenn auch mit Verzögerung, Neuigkeiten aus der Heimat. Sie wussten, dass Herodes schwer krank war. Doch als ein Putschversuch der Pharisäer aufgedeckt wurde, rächte er sich, wie man es von ihm nicht anders gewohnt war, wieder mit einem Blutbad unter den Pharisäern. Im selben Jahr klagte er seinen ältesten Sohn Antipater des Hochverrats an und ließ ihn, wieder mit Billigung des Kaisers, hinrichten.

„Welches Unheil böswillige Menschen anrichten, wenn sie Macht haben!" stöhnte Josef.

„Unser Jesus bringt ihnen Heil."

„Werden Menschen es annehmen?"

„Viele werden sich Gott zuwenden."

„Ich werde es nicht mehr erleben."

„Wir bleiben in Gottes Hand, Josef."

Eines Tages erfuhren sie von ihren Freunden, dass Herodes im Sterben lag. Aber über tausend der angesehensten Männer Judäas hatte er noch sterbend in die Pferderennbahn Jerichos einsperren lassen. Bogenschützen sollten sie in seiner Todesstunde töten. In ganz Judäa sollte eine einzige Totenklage erschallen. – Dann starb er. Viele atmeten auf. Die tausend angesehenen Judäer blieben am Leben. Die Schwester des Herodes und ihr Mann konnten die Ausführung des irrsinnigen Befehls verhindern. Für seine Beisetzung am Rand des Bergkegels seiner Fluchtburg hatte er testamentarisch einen riesigen Trauerzug mit allem Pomp befohlen.

Wie vor der Flucht nach Ägypten angekündigt, erschien der Engel dem Josef wieder im Traum: „Steh auf, nimm das Kind und seine Mutter und zieh in das Land Israel; denn die Leute, die dem Kind nach dem Leben getrachtet haben, sind tot."

Die Heilige Familie kehrte nach Nazaret zurück. Dort verbrachte Jesus seine Kindheit.

9. Die Bar-Mizwa-Feier
Der zwölfjährige Jesus im Tempel

Jesus wuchs wie jeder andere Junge auf. Er hatte Spielgefährten und Freunde. Maria und Josef hüteten sein Geheimnis. Bevor er zur Schule kam, nahm ihn Josef öfter auf seine Knie und lehrte ihn, wie es die Pflicht eines jüdischen Vaters war. Er lehrte ihn das Bekenntnis:

Höre Israel! Jahwe, unser Gott, Jahwe ist einzig.

Darum sollst du den Herrn, deinen Gott,

lieben mit ganzem Herzen,

mit ganzer Seele und mit ganzer Kraft.

Auch die zehn Gebote, Kernstücke der Tora und das Lesen der Tora in Hebräisch lernte Jesus schon in früher Kindheit von Josef. Auch im Schulunterricht stand die Tora im Mittelpunkt. Jesus kannte sich schon bald in der Bibel gut aus. Den einzelnen Schriftworten gab er erstaunliche Deutungen. Maria und Josef nahmen ihn nicht mit zum Tempel. Sie fürchteten, er könnte den Schriftgelehrten und Priestern auffallen, so dass sie seine Herkunft zu erkunden suchten. Erst mit zwölf Jahren nahmen sie ihn mit. In Nazaret war er auf seine Bar-Mizwa-Segnung vorbereitet worden. Da ließ es sich nicht vermeiden, ihn zum Tempel mitzunehmen.

Der kürzeste Weg führte am Jakobsbrunnen in Sychar (Sichem) und am Berg Garizim vorbei nach Betel, von da über die Späherhöhe, dem Aussichtspunkt auf Jerusalem, in die heilige Stadt. Selbst dieser Weg dauerte etwa fünf Tage. Die Pilger blieben in Gruppen zu fünfzig bis hundert zusammen, um nicht von den Samaritern, vor allem wenn sie im Freien übernachteten, belästigt zu werden. Auf den gemeinsamen Weg mit Verwandten, Nachbarn und Freunden freute sich Jesus. Mit den Altersgefährten lief er oft ein Stück voraus.

Dann wieder folgte er meditierend der Gruppe. Am meisten freute er sich auf die festlichen Gottesdienste.

Seine Eltern brachten ihn zur Bar-Mizwa-Feier in den Tempel. Er musste zeigen, dass er die Tora lesen konnte; die Gesetze und die Erzväter-Geschichten kannte. Bei der Feier wurde er zu einem „Sohn des Gesetzes", zu einem den Geboten Gottes Gehorsamer anerkannt. Von nun an war er für die Befolgung der Gebote selbst verantwortlich.

Nach den Festtagen machten sich alle auf den Heimweg. Maria und Josef hatten Jesus aus den Augen verloren. Aber sie sorgten sich nicht. Er war mal bei diesen, mal bei jenen Freunden oder Verwandten. Überall gab es Jugendliche in seinem Alter, die er kannte. Seine Eltern vermuteten ihn bei denen, die schon aufgebrochen waren. Sie kamen eine Tagereise weit zu deren Nachtlager. Aber dort war er nicht. Keiner hatte ihn gesehen. Schnellen Schrittes eilten sie zurück nach Jerusalem. Drei Tage suchten sie ihn überall. Dann kam Maria der Gedanke:

„Josef, wie konnten wir vergessen, dass Jesus Gottes Sohn ist! Sorgfältig hatten wir vermieden, darüber mit jemandem zu sprechen. Hatten wir selber seine Herkunft vergessen?"

„Ja, wir hatten ihn nie mit nach Jerusalem genommen. Er sollte den Schriftgelehrten und Priestern nicht auffallen. Sie sollten nicht nach seiner Herkunft forschen. Aber jetzt wissen wir, wo wir ihn finden werden: im Tempel!"

„Gerade jetzt, nach der Festwoche, nehmen sich die Gelehrten Zeit, mit Tempelbesuchern über die Aussagen der Schrift zu sprechen."

Eilig lenkten sie ihre Schritte zum Tempel. Schon von weitem sahen sie ihn bei den bärtigen Männern. Angestrengt saßen sie, über die Schriften gebeugt. Jesus stand vor ihnen wie ein Lehrer. Er hatte sich zu Hause Fragen zurechtgelegt. Aber auch was er auf ihre Fragen antwortete, bereitete den Gelehrten Kopfzerbrechen. Maria war glücklich, aber auch betroffen:

„Kind, wie konntest du uns das antun? Dein Vater und ich haben dich voll Angst gesucht."

„Dein Vater und ich", sagte Maria, als unterscheide sie nichts von anderen Eltern. Jesu Antwort ließ sie wieder an das Außergewöhnliche seiner Herkunft denken:

„Wusstet ihr nicht, dass ich in dem sein muss, was meinem Vater gehört?"

Die Schriftgelehrten staunten über den Jungen, aber sie verstanden seine Rede nicht.

Die Heilige Familie kehrte nach Nazaret zurück. Jesus fügte sich, Sohn seiner Eltern und Freund seiner Freunde zu sein. Er „wuchs heran und seine Weisheit nahm zu, und er fand Gefallen bei Gott und den Menschen".

II. VON VIELEN BEWUNDERT

10. Der Mann aus der Wüste
Johannes der Täufer, die Taufe Jesu

Beruflich trat Jesus in Josefs Spuren und war bis zu seinem
37. Lebensjahr Zimmermann. Sein Beruf führte ihn in die
nähere und weitere Umgebung von Nazaret. Bald war er
über die Grenzen seiner Heimat hinaus als guter Handwerker bekannt. Es waren für ihn wertvolle Jahre, in denen er
sich auf seine Zeit als Wanderprediger vorbereiten konnte.
Eine Zeitansage für sein öffentliches Auftreten war der Buß-
prediger Johannes der Täufer. Sein Vater, der Priester Zacharias, hatte schon bei der Geburt seines Sohnes prophezeit:
„Du wirst dem Herrn vorangehen und ihm den Weg bereiten."
Viele Jahre hatte Johannes in der Wüste zugebracht. Er war
mit einem Gewand von Kamelhaaren bekleidet und hatte
sich von Heuschrecken und wildem Honig ernährt. Er sollte
wie ein Herold vor Jesus hergehen und ihm als dem lang er-
warteten Messias beim Volk den Weg ebnen. Dazu hatte er
sich durch Beten und Fasten gerüstet.
Im fünfzehnten Jahr der Herrschaft des Kaisers Tiberius trat
er an den Jordan, nicht weit von dessen Einmündung in das
Tote Meer. Dort predigte er das Wort, das Gott ihm aufgetragen hatte, und taufte die Menschen zur Abkehr von ihren
Sünden. Viele gingen zu ihm und empfingen die Bußtaufe.
Sie kamen aus Jerusalem, aus ganz Judäa, aus den Ländern
am Jordan und oberhalb des Sees Gennesaret. Sie hielten ihn
für den Messias.
Die Kunde von Johannes kam vor den Hohen Rat. Dass mög-

licherweise der Messias die Menschen zur Bekehrung von ihren Sünden taufte, machte sie hellhörig. Der Hohe Rat schickte eine Abordnung, die herausfinden sollte, wer dieser Täufer sei, in wessen Auftrag er handle und ob er die Reinlichkeitsgesetze einhalte.

Johannes bekannte den hohen Herrn aus Jerusalem: „Ich bin nicht der Messias."

„Wer bist du dann? Bist du der Elija?"

„Ich bin es nicht."

„Bist du der Prophet?"

„Nein."

„Wer bist du? Wir müssen denen, die uns gesandt haben, Auskunft geben. Was sagst du über dich selbst?"

„Ich bin die Stimme, die in der Wüste ruft: Ebnet den Weg des Herrn!"

„Warum taufst du dann, wenn du nicht der Messias bist, nicht der Elija und nicht der Prophet?"

„Ich taufe mit Wasser. Mitten unter euch steht der, den ihr nicht kennt und der nach mir kommt; ich bin es nicht wert, ihm die Schuhe aufzuschnüren."

Die Abordnung konnte dem Hohen Rat nur von dieser fast orakelartigen Antwort des Täufers berichten. Sie bot nicht genügend Anlass, den Täufer vor Gericht zu stellen. Aber sie waren aufmerksam geworden auf einen angeblich Bedeutenderen als der Täufer und rätselten, wer das sein könnte. Weiteren Aufschluss hätte ihnen die Weissagung des Propheten Jesaja gegeben, denn auf die bezog sich der Täufer mit seiner Antwort:

Eine Stimme ruft:

Bahnt für den Herrn einen Weg durch die Wüste!

Baut in der Steppe eine ebene Straße für unseren Gott!

Jedes Tal soll sich heben,

jeder Berg und Hügel sich senken.

Was krumm ist, soll gerade werden,
und was hügelig ist, werde eben.
Dann offenbart sich die Herrlichkeit des Herrn,
alle Sterblichen werden sie sehen.
Ja, der Mund des Herrn hat gesprochen.

11. Ein Kräftemessen
Die Versuchungen Jesu

Das öffentliche Auftreten Johannes des Täufers am Jordan
war für Jesus eine Zeitansage. Er wusste, dass nun auch für
ihn die Zeit gekommen war, öffentlich zu wirken. Auch er
ging, wie Johannes, zur Vorbereitung darauf in die Wüste.
Genauer gesagt: Gottes Geist führte ihn dorthin. Durch Stille und Gebet sollte er von seinem Alltag Abstand gewinnen
und zu sich finden.
Jesus wusste sich von Gott geleitet und vor vielem bewahrt.
Gebet und Andacht hatten in ihm den Wunsch nach einer
noch engeren Bindung an Gott geweckt, wie Mose, der mit
Gott wie mit einem Freund sprach und ihn auch sehen wollte. Bevor er als Erlöser sagen konnte: „Ich und der Vater sind
eins", sollte er sich durch Versuchungen selbst erfahren.
Jesus wusste: Der Teufel kennt die empfindlichste Stelle eines jeden, wo er in Versuchung geführt werden kann. Für
ihn war es das Wissen „Ich bin Gottes Sohn". Er wusste ganz
sicher, dass er Gott war. Aber er war auch Mensch. Da setzte
der Versucher an: Konnte er Jesus aus der Doppelnatur he-
rausreißen und nur Mensch sein lassen?
Jesus hatte vierzig Tage in der Wüste mit Beten und Fasten zugebracht. Er verspürte echten menschlichen Hunger.
In seiner Hungerfantasie wirkten manche Steine wie Brote.

Und wie gerne hätte er jetzt so ein Brot gehabt! Der Teufel benutzte seinen Hunger zu einer gefährlichen Versuchung.
„Wenn du Gottes Sohn bist", sagte er, „dann befiehl diesem Stein, zu Brot zu werden."
Innerlich kämpfte Jesus mit sich selbst. Es war, als sei der Teufel in seine Gedanken eingedrungen: „Ich lebe jetzt schon so lange als Mensch und weiß, dass es mich schließlich ans Kreuz bringt. Kein leichtes Sterben und ein schändlicher Tod. Sollte ich dem nicht doch lieber aus dem Weg gehen? Bin ich wirklich Gottes Sohn? Steine in Brote zu verwandeln, könnte mich zu einem gefeierten Brot-und-Spiele-König machen. Wer den Menschen genug zur täglichen Nahrung gibt, ihnen ihr Vergnügen lässt und sogar noch Spiele zur Unterhaltung und Ablenkung dazu gibt, den umjubeln sie, den heben sie auf ihren Schild, dem folgen sie blind."
Das Stichwort „gehorchen blind" machte Jesus bewusst, wie erlösungsbedürftig die Menschen waren. Ihnen Reichtümer zu versprechen oder sogar zu schenken, machte sie nicht glücklich. Es entfremdete sie von Gott und von ihrer inneren Freiheit, weil das Gold, wie schon das goldene Kalb bei Mose, ein verführerischer Ersatz-Gott war. Jesus antwortete: „Der Mensch lebt nicht nur vom Brot, sondern von jedem Wort, das aus Gottes Mund kommt." Mit einem Bibelwort hatte Jesus sich gewehrt.
„Na warte!", dachte der Teufel. „In der Bibel kenne ich mich besser aus als die Menschen."
Er führte Jesus in die heilige Stadt, und stellte ihn auf die oberste Zinne des Tempels. Tief unter sich sah Jesus den großen Platz und die breite Treppe zum Tempel. Schwarz von Menschen waren der Platz und die Treppe. Ein unaufhörliches Gewimmel.
„Wenn du Gottes Sohn bist, dann stürz dich hinab. „Denn seinen Engeln befiehlt Gott, dich auf Händen zu tragen, damit dein Fuß nicht an einen Stein stößt."

Und wieder hatte der Teufel zugleich Zugang zu den Gedanken Jesu. Dort flüsterte er ihm ein:

„Sich durch ein Schauwunder zu zeigen, von Engeln aufgefangen und zu Boden getragen, das überzeugt Menschen: Dieser ist selbst ein Engel oder ein Gott – wie Kaiser Augustus."

Jesus wehrte sich auch gegen diese Verlockung und zitierte dem Teufel das Wort: „Du sollst den Herrn, deinen Gott, nicht auf die Probe stellen."

Anstatt sich geschlagen zu geben, zeigte sich der Teufel als der, der er in Wahrheit ist. Er führte Jesus auf einen sehr hohen Berg. Weil er den Menschen alles vorgaukeln konnte, was sie zu gottverbotenen Taten und Reden hinriss, zeigte er Jesus alle Reiche der Welt, ihren Reichtum und ihre Schönheit. „Die Herrschaft über die Reiche der ganzen Welt trete ich an dich ab, wenn du einen kurzen Kniefall vor mir machst."

Dieses Mal verzichtete er darauf, Jesus gedanklich etwas einzuflüstern. Er hatte ihm ja sein wahres Gesicht gezeigt. Er brauchte nicht lange auf eine Antwort von Jesus zu warten: „Weg mit dir, Satan!", befahl Jesus.

Da kamen Engel und dienten ihm.

12. Taufe mich!
Jesu Taufe im Jordan

Jesus verließ die Wüste und stieg hinab ins Jordantal. Von weitem schon sah er viele Menschen am Jordan. Er wusste: Dort predigte und taufte Johannes. Auch er wollte sich von Johannes taufen lassen. Als Johannes ihn auf sich zukommen sah, bekannte er vor seinen Zuhörern: „Seht das Lamm Gottes, das die Sünde der Welt hinwegnimmt! Er ist es, von dem ich gesagt habe: Nach mir kommt ein Mann, der mir voraus ist, weil er vor mir war. Auch ich kannte ihn nicht; aber ich bin gekommen und taufe mit Wasser, um Israel mit ihm bekanntzumachen."

Johannes war der letzte in der Reihe der Propheten des Alten Testaments, zugleich der erste Prophet und Wegbereiter des Herrn. Er stand zwischen dem alten und dem neuen Bund Gottes mit den Menschen. Aber er hielt sich nicht für wert, Jesus zu taufen:

„Wer bin ich, dass ich dich taufe! Ich möchte mich von dir taufen lassen. Denn ich bin nur ein einfacher Mensch, du aber bist der Messias."

„Bei dieser Taufe geht es nicht um Mehr- oder Wenigersein."

„Ich bin dein Vorläufer, dein Herold. Aber warum soll ich dich taufen?"

„Auch die Schöpfung soll von der Sklaverei und Verlorenheit befreit werden zur Freiheit und Herrlichkeit der Kinder Gottes. Alles soll dem Heil dienen, nicht der Zerstörung, auch das Wasser."

Johannes taufte Jesus. Später berichtete er: „Ich sah, wie der Geist vom Himmel herabkam wie eine Taube und auf ihm blieb. Auch ich kannte ihn nicht. Aber er, der mich gesandt hat, mit Wasser zu taufen, er hat mir gesagt: Auf wen du den Geist herabkommen siehst und auf wem er bleibt, der ist es, der mit dem Heiligen Geist tauft. Das habe ich gesehen und bezeuge: Er ist der Sohn Gottes."

Tags darauf sah er Jesus vorübergehen. Auf ihn zeigte er und sagte: „Seht das Lamm Gottes!"

Zwei der Jünger des Johannes folgten Jesus. Sie blieben einen Tag bei ihm. Einer der beiden war Andreas. Er war bald überzeugt: Ja, dies ist der Messias. Diese Nachricht brachte er seinem Bruder Simon. Beide Brüder wurden die ersten Jünger Jesu. Als Jesus am nächsten Tag mit ihnen nach Galiläa aufbrach, berief er auf dem Weg dorthin auch Philippus. Der folgte ihm ohne Zögern. Philippus führte seinen Freund Natanael zu Jesus. Damit war die Jüngerschar auf vier gewachsen.

13. Das Weinwunder
Die Hochzeit zu Kana

Als Jesus nach Nazaret zurückkam, eröffnete ihm seine Mutter: „Wir sind zur Hochzeit bei meiner Verwandten im Dorf Kana eingeladen. Das wird ein frohes Beisammensein werden."

„Ich bin nicht mehr allein, Mutter. Zu mir gehören vier Jünger."

„Die nehmen wir mit, auch Essen für sie. Wein spendiert das Brautpaar."

„Danke! Sie werden sich freuen. Von dir habe ich ihnen schon erzählt."

„Hast du sie bei Johannes kennengelernt?"

„Ja. Ich habe mich von ihm taufen lassen."

„Hat Johannes vor anderen gesagt, wer du bist?"

„Er hat mich das Lamm Gottes genannt, das hinwegnimmt

die Sünden der Welt! Daraufhin schloss sich einer seiner Jünger, Andreas, mir an. Der führte seinen Bruder, Simon, zu mir. Dem dritten, Philippus, begegnete ich auf dem Weg. Er brachte mir einen vierten, Natanael."

„Wie Johannes dich genannt hat, das wird sich herumsprechen."

„Ich hoffe, nicht zu schnell, obwohl ich zu meinem Auftrag bereit bin."

„Ich habe nicht vergessen, wozu Gott dich mir geschenkt hat."

Auf der Dorfhochzeit erwartete sie lauter Trubel. Es wurde musiziert, getanzt, gesungen, gelacht und einander zugeprostet. An Essen und Trinken fehlte es nicht. Das Fest dauerte einige Tage. Doch es gab auch eine unangenehme Überraschung: Der Wein ging aus. Die Brautmutter kam zu Maria und erzählte ihr, dass kein Wein mehr da sei. Wusste sie, dass Marias Sohn der Messias war, und erwartete sie, dass er durch ein Wunder helfen würde?

Jesus saß bei seinen Jüngern. Er lauschte der Musik und freute sich an dem fröhlichen Treiben. Maria ging zu ihm: „Sie haben keinen Wein mehr."

Er erwachte wie aus einem Traum: „Was willst du von mir, Frau? Meine Stunde ist noch nicht gekommen."

Jesus lebte auf die Stunde seines öffentlichen Auftritts hin. Im Kreis seiner Freunde schien sie ihm weit weg. Auch sträubte sich sein Inneres dagegen, sich durch ein Weinwunder zu offenbaren. Eine Krankenheilung wäre ihm lieber gewesen. Äußerst ungern wollte er die häusliche Gemeinschaft mit seiner Mutter aufgeben. Der Gedanke an eine Trennung war auch für Maria schmerzlich. Ihr war, als spürte sie die Spitze des Schwertes, von dem der greise Simeon bei der Darstellung ihres Sohnes im Tempel gesprochen hatte, dass es ihre Seele durchdringen würde. Aber sie wusste, ein Weinwunder ist unauffälliger als eine Krankenheilung. Den Hochzeitsgästen würde es kaum auffallen. Ihnen war wichtig, dass sie ungestört feiern konnten.

Jesu hatte mit seiner Antwort zu erkennen gegeben, dass er seine Mutter verstanden hatte und ihr recht gab. Maria ging zu den Dienern: „Was er euch sagt, das tut."

Jesus ließ die sechs steinernen Krüge im Hauseingang – sie dienten der Reinigung der Füße von denen, die eintraten – mit Wasser füllen:

„Schöpft jetzt und bringt es dem, der für das Festmahl verantwortlich ist!"

Der Speisemeister kostete und wunderte sich, dass der gute Wein erst jetzt ausgeschenkt wurde. Die Diener wussten, woher der Wein kam, aber für sie war das, was geschehen war, so unglaublich, dass sie es nicht für wahr hielten. Der Speisemeister suchte den Bräutigam auf und sagte: „Jeder setzt zuerst den guten Wein vor, und erst, wenn die Gäste zu viel getrunken haben, den weniger guten. Du jedoch hast den guten Wein bis jetzt zurückgehalten."

So offenbarte sich Jesus, indem er sein erstes Zeichen in Kana in Galiläa tat. Seine Jünger hatten noch kein Wunder von ihm erlebt. Dies war das erste. Aber sie reagierten anders als die Diener. Es festigte ihr Vertrauen in Jesus. Ihnen wurde klar, dass sie noch mehr, aber auch Widerstand gegen ihren Herrn erleben würden.

Maria, Jesus und seine Jünger verabschiedeten sich und gingen nach Kafarnaum. Dort besaß Simons Schwiegermutter nah bei der Synagoge ein Haus. Es wurde zu ihrem Stammquartier: War Jesus mit seinen Jüngern in Kafarnaum, hatten sie dort eine Bleibe.

14. Ein ungewöhnlicher Prediger
Predigt und Heilung in der Synagoge von Kafarnaum

In Kafarnaum begann Jesus zu predigen. Wo immer sich Menschen um ihn sammelten, meist am Seeufer, sagte er ihnen seine frohmachende Botschaft:

„Kommt zu Gott! Sein Reich ist nah. Er liebt euch so, wie ihr seid. Er ruft euch zu sich."

Am Sabbat besuchte er die Synagoge, wie er das von Kindheit an gewohnt war. Fast regelmäßig bat man ihn, die Lesung aus den Propheten zu übernehmen und zu predigen. Weil man ihn auch an anderen Orten dazu aufforderte und seine Predigten die Menschen ansprachen, war Jesus bald in Kafarnaum und in den umliegenden Orten bekannt.

Ging er morgens in der Frühe an den See, traf er die Fischer, die in der Nacht gefischt hatten. Simon und Andreas gehörten bereits zu seinen Jüngern. Einmal traf er sie, als sie ihre Netze auswuschen. In dem Boot daneben waren zwei andere Brüder, Jakobus und Johannes, die Söhne des Zebedäus. Sie flickten ihre Netze und richteten sie zum Fischfang her. Jesus rief auch sie in seine Nachfolge. Sie ließen alles liegen und folgten ihm bereitwillig. Sie hatten schon von Petrus und Andreas über Jesus gehört und überlegt, seine Jünger zu werden. Ihr Vater beschäftigte noch Tagelöhner. Mit denen konnte er den Fischfang fortsetzen.

„Ich werde euch zu Menschenfischern machen", sagte Jesus den beiden Brüderpaaren.

Nun hatte Jesus sechs Jünger. Viele Menschen beeindruckten seine Predigten.

„Dieser Jesus predigt ganz anders als die Schriftgelehrten."

„Klar, die Schriftgelehrten verlesen Gesetze und ermahnen, sie nicht zu übertreten. Jesus predigt Vergebung für die Gesetzesübertreter."

„Losbindung von Schuld wirkt befreiend, anders als die Befolgung von Gesetze."

„Ja, Vergebung von Gott ermutigt, sich dankbar mit Gott zu verbinden."

„Mir fällt auch seine Stimme auf. Sie klingt wärmer als die der Gesetzeslehrer."

„In mir hat er eine Saite zum Klingen gebracht, die auf ihn gestimmt ist."

„Das kann ich von mir nicht behaupten, aber er macht mich neugierig."

„Ja, er hat eine neue Lehre. Mich überzeugt sie."

„Stimmt sie denn mit der Tora überein? Was sagen unsere Gesetzeslehrer?" –

„Da kommt er, mit seinen Jüngern und Anhängern."

„Sicher übernimmt er in der Synagoge wieder die Auslegung."

„Ich wüsste nicht, wer sonst so viel zu sagen hätte."

Sie folgten ihm in die Synagoge und nahmen dort Platz. Wie erwartet, wurde Jesus gebeten, die Schrift auszulegen. Der Synagogendiener reichte ihm die Schriftrolle. Jesus las den im Leseplan vorgeschriebenen Text, gab die Schriftrolle dem Synagogendiener zurück und setzte sich auf den Predigtstuhl. Wieder waren die Zuhörer berührt und betroffen. Er sprach wie einer, der göttliche Vollmacht hat, gar nicht wie die Schriftgelehrten. Auch ein Besessener nahm an dem Gottesdienst teil. Mit einmal rief der ihn peinigende Dämon in ihm ganz laut: „Jesus von Nazaret, du Heiliger Gottes!"

„Seltsam", sagte einer zu seinem Nachbarn, „selbst die Dämonen kennen ihn."

Jesus gebot dem Geist zu schweigen. Der fuhr mit einem Schrei aus dem Besessenen; der Mann war geheilt. So etwas war in Kafarnaum noch nicht vorgekommen. Dass Jesus am Sabbat, und sogar in einer Synagoge heilte, darüber erregte sich zu Beginn seiner öffentlichen Wirksamkeit niemand, obwohl das gegen das Gebot der Sabbatruhe war. Der Widerspruch gegen ihn sollte sich erst später regen.

15. Ein Wundertäter!
Die Schwiegermutter des Petrus wird geheilt

Als Jesus mit den Jüngern von der Synagoge in das Haus zurückkehrte, das sie zur Bleibe hatten, war die Schwiegermutter des Simon an einem schweren fiebrigen Leiden erkrankt. Jesus ging zu ihr und heilte sie. Auch das geschah noch am Sabbat. Die Geheilte konnte ihre laute Freude nicht zurückhalten. Emsig und freudig richtete sie alles für Jesus und die Jünger her und diente ihnen. Natürlich bekamen die Nachbarn das mit. Die Heilung des Besessenen während des Gottesdienstes in der Synagoge hatte sich bereits herumgesprochen. Jetzt kam eine weitere Heilung hinzu. So verbreitete sich die Nachricht rasch: Ein Wundertäter ist in unserer Stadt!

Sobald die ersten drei Sterne am Nachthimmel zu sehen waren, wusste jeder: Nun war der Sabbat vorüber. Der erste Tag einer neuen Woche begann. Die Menschen hatten den Sabbat, dessen Ende sie so lange wie möglich hinausgezögert hatten, feierlich verabschiedet. Der Sabbat war ein besonderer Freudentag, an dem keine Arbeit verrichtet werden durfte.

Nun belebten sich die Straßen. Man brachte Kranke und Besessene zu Jesus. Er heilte sie und trieb die Dämonen aus. Weil er Macht über die Dämonen und deren obersten Herrn hatte, konnte er ihnen befehlen, nicht öffentlich auszusprechen, wer er war. Die Leute wussten anfangs nicht so recht, wer es war. Aber dass er Wunderheilungen vollbrachte, das hatten sie ja vor Augen. Daran gab es keinen Zweifel. Jesus wurde immer bekannter als Wunderheiler. Eine Versuchung war das für ihn nicht. Er wusste sich als Heiland, nicht als Heiler berufen. Als Heiler wollte sich Jesus keinen Namen machen. Ewiges Heil wollte er den Menschen bringen.

Wer geheilt war, erkrankte irgendwann wieder, verunglückte tödlich, wurde getötet, starb an Altersschwäche oder an etwas anderem. Jesus wollte den Menschen ewiges Heil bringen. Mit diesem Ausblick und im Gehorsam zu Gott konnte die Welt von Unheil, Krieg und Gottlosigkeit gesunden. Warum sollten die Menschen nicht schon ein Stück des wahren Himmels auf Erden erleben, wenn sie ihren Teil dazu beitrugen!

16. In der Einsamkeit
Andrang von Heilungssuchenden in Kafarnaum

Früh am nächsten Morgen verließ Jesus Kafarnaum. Er lenkte seine Schritte weg von den belebten Straßen und Wegen. Sicher waren nach dem letzten Abend noch mehr Kranke, Besessene und andere Leidende unterwegs zu ihm. Gerne hätte er allen geholfen. Aber dann hätte er durch die ganze Welt reisen und überall helfen müssen. Dazu hätte ein Menschenleben nicht gereicht. Und bald hätte er wieder von vorn anfangen müssen. Aber um alle selbstverschuldete Not, Leid, Kummer, Trübsal, Unrecht, Krieg und Krankheiten aus der Welt zu schaffen, mussten sich die Menschen von Gott heilen lassen.

„Ich bin der Herr, dein Arzt", hatte Gott durch Mose dem Volk schon bei seiner vierzigjährigen Wanderung sagen lassen. Es brauchte eine ganze Generation, um das Volk mit seinem Wohl und Wehe in den Dienst an Gott zu stellen. Gottes Handeln an diesem Volk wurde zugleich zu einer gelebten Predigt vor allen Völkern. Jesus wollte nicht nur vorübergehend helfen, sondern eine ewige Hilfe schaffen. Darum betete er: „Vater im Himmel, ich bitte dich für die Menschen an allen Orten und zu allen Zeiten: Steh ihnen bei, sei ihnen nah. Berufe viele zu Helfern der Hilfsbedürftigen! Und hilf mir, ihren Tod durch meinen Tod zu überwinden, damit sie einen Ausblick über ihre begrenzte Zeit hinaus in die Ewigkeit haben!"

Gern hätte Jesus länger in Ruhe meditiert und gebetet, aber da sah er seine Jünger kommen. Den starken Andrang am vorhergehenden Abend hatten sie als einen Erfolg der Bemühungen Jesu empfunden. Nun wollten sie ihn nach Kafarnaum zurückholen, denn schon bei Sonnenaufgang war der Platz vor dem Haus von Simons Schwiegermutter wieder von Menschen überfüllt. Freudestrahlend meldeten sie es ihm und wunderten sich, dass er nicht mit gleicher Freude reagierte. Sie waren noch weit davon entfernt, den Erfolg, den Gewinn und die Ehre dieser Welt von dem, was Gott an Heil bietet, zu unterscheiden. Aber dazu waren sie seine Jünger, dass sie an Jesus reiften.

Jesus wusste, auch mit seinen Jüngern musste er Geduld haben. Sie mussten noch viel lernen und erfahren, bevor sie seine Bevollmächtigten werden konnten: „Lasst uns anderswohin gehen, in die benachbarten Dörfer, damit ich auch dort predige. Denn dazu bin ich gekommen."

Jesus zog durch ganz Galiläa. Wo sich die Gelegenheit bot, predigte er, vor allem in den Synagogen. Es gab auch andere Wanderprediger, ebenso Märchenerzähler, die von Ort zu Ort zogen. Seine Botschaft und dass er Dämonen austrieb, unterschied ihn von diesen.

17. Der Weg durchs Dach
Heilung eines Gichtbrüchigen in Kafarnaum

Zurück in Kafarnaum, drängten abermals Kranke und Besessene zu ihm. Andere wurden auf Karren gebracht oder getragen. Der Platz vor dem Haus von Simons Schwiegermutter war wieder voll von Menschen. Sie standen, saßen oder lagen dicht gedrängt. Jesus sah das Elend der Menschen. Sie taten ihm in der Seele leid. Er predigte ihnen zunächst das Reich Gottes. Er beobachtete, dass viele geduldig zuhörten, aber auf ihre Heilung warteten. Ihnen ging es weniger um Worte des ewigen Heils. Er las ihre Gedanken: „Hoffentlich hört er bald auf. Für heilsame Worte sind wir nicht gekommen. Er soll uns gesund machen."

Jesus redete leicht verständlich in Bildern aus der Natur und aus dem täglichen Leben. Für viele war seine warmherzige Stimme schon ein Balsam. Und wer ihn ansah, bemerkte seine gütigen Augen, die Fenster der Seele. Von ihm ging eine schwer zu beschreibende Faszination aus. Er wollte ihnen ins Herz hinein bewusst machen, dass er mehr geben wollte als Schmerzbeseitigung, heile Knochen, organische und nervliche Gesundung. Er wusste, dass er nun dazu Gelegenheit haben würde. Heute würde er ihnen ein Stück seiner Predigt vorleben.

Da erschienen Männer, die einen Gichtbrüchigen auf einer Trage von weither gebracht hatten. Sie kamen wegen der dicht gedrängten Menschenmenge nicht zu Jesus durch. Kurz entschlossen stiegen sie auf das Dach des Hauses. Sie deckten einen Teil des mit Schilf belegten Vordachs ab und ließen den Gichtbrüchigen an Stricken direkt vor Jesu Füße hinunter. Tief beeindruckt über so viel Glaubensmut und tatkräftige Nächstenliebe für einen Leidenden, sagte Jesus zu dem Kranken: „Mein Sohn, deine Sünden sind dir vergeben!" Dieses Mal saßen einige Schriftgelehrte in der Menge. Die dachten bei sich: „Nur Gott kann Sünden vergeben. Was macht dieser Jesus aus sich? Er lästert Gott."

Jesus las ihre Gedanken und fragte sie: „Was ist leichter, Sünden zu vergeben oder einen Kranken zu heilen?"

Sie sollten aber sehen, dass er zu beidem Vollmacht hat. Darum sprach er zu dem Gelähmten: „Steh auf, nimm deine Trage und geh heim!"

Das tat er, ohne vorher Gehübungen mit einem Helfer gemacht zu haben. Ein doppeltes Wunder! Die Menschen gerieten außer sich vor Jubel. So etwas war noch nie vorgekommen. Auch die kritischen Schriftgelehrten waren sprachlos.

Zaghaft und noch im Verborgenen hatte sich Widerspruch geregt. Jesus wusste, er würde sich im Laufe der Zeit verstärken und zu einer Riesenwelle anschwellen. Noch bekam er wenig davon zu spüren: das Volk hielt zu ihm.

18. Der Zöllner
Die Berufung des Levy

Das Volk folgte Jesus auf Schritt und Tritt. Mit seinen Jüngern ging er an den See. Spiegelglatt lag die Wasseroberfläche da. Ein beschauliches Bild zum Ausruhen. Die Abendsonne spiegelte sich im Wasser und färbte den See orange. So beruhigend und erholsam dieser Anblick wirkte, Jesus wurde keine Ruhe gelassen. Die Menschen verlangten immer mehr und größere Wunder. Auf den Gedanken kamen sie nicht, dass Jesus das nicht zu überbietende Wunder für sie war. Das zu verstehen, brauchte Zeit. Im Augenblick ging Jesus ihnen aus dem Weg. Mit seinen Jüngern verließ er den Ort. Von weitem sahen sie eine Zollschranke.

Kafarnaum war eine wichtige Zollstation an der Via maris,

die von Ägypten entlang dem Mittelmeer, dann durch die Jesreel-Ebene über Kafarnaum nach Damaskus und darüber hinaus führte. Es war zugleich eine Militärstation mit einer Zitadelle. Von hier kontrollierten die Legionäre sowohl die Küstenregion am See Gennesaret als auch weite Strecken in alle Himmelsrichtungen. An der Station, auf die Jesus mit seinen Jüngern zuging, bezahlte man sowohl Grenz- als auch Wegezoll.

Als sie näher kamen, sahen sie den Hauptzolleinnehmer, der etwas erhöht saß, und seine Beschäftigten. Alle waren bewaffnet, obwohl sie weniger zu fürchten waren als die Legionäre, die sich klug im Hintergrund hielten. Aber sie konnten jederzeit herbeigerufen werden, wenn sich jemand über den zu zahlenden Zoll beschwerte und nicht bezahlen wollte. Die Zöllner waren nicht beliebt, weil sie für die Römer arbeiteten und im Ruf standen, sich an den Menschen zu bereichern.

Der Hauptzolleinnehmer war Levi, auch Matthäus genannt. Er hatte diese Zollstation von den Römern gepachtet. Bestimmt verdiente er gut. Judas Iskariot bezahlte für Jesus und die Jünger. Er verwaltete das Geld. Jesus sah auf Levi, der erhöht saß. Ihre Augen trafen sich. In seinen Augen konnte Jesus lesen, dass dieser Mann mit seiner Zollstation nicht glücklich war, auch wenn er damit reichlich verdient. Lieber wäre er ein Jünger Jesu gewesen.

Jesus schaute ihm tief in die Augen: „Folge mir nach!" Er tat es sofort. Überglücklich darüber, dass ihn Jesus berufen hatte, lud er noch am selben Abend seine alten und seine neuen Freunde zu einem Essen ein. Die Schriftgelehrten schauten durch die offenen Fenster. Verwundert fragten sie die Jünger: „Wie könnt ihr mit Sündern und Zöllnern an einem Tisch sitzen und essen?"

Jesus antwortete: „Nicht die Gesunden brauchen den Arzt, sondern die Kranken. Ich bin gekommen, um die Sünder zu rufen, nicht die Gerechten."

19. Kein Brot-und-Spiele-König
Die Speisung der Fünftausend

Einen organisierten Widerstand gegen Jesus gab es noch nicht. Das Volk bewunderte und verehrte ihn. Dass Jesus sich nicht mit seinen Wundern hervortun wollte, sondern gelebte Predigten hielt, verstanden die wenigsten. Viele sahen in ihm nur den Wunderheiler. Aber kaum geheilt, verlangten sie nach mehr und größeren Wundern: „Wenn er das kann, dann kann er auch die Römer verjagen."

Jesus war zu einem Hoffnungsträger für das Volk geworden. Die Erwartungen waren hoch gesteckt. Wollte er es für sich gewinnen, durfte er es nicht enttäuschen.

In Kafarnaum hatte er wieder viele geheilt. Es hatte ihn angestrengt. Den Ruf des großen Wunderheilers wurde er nicht los. Wie Kletten hingen die Menschen an ihm. Das entwickelte sich zu einer Gefahr für ihn. Sie hätten für ihn alles getan, auch das Gottverbotene. Jesus war erschöpft. Mit seinen Jüngern fuhr er über den See und ging auf einen Berg. Vom Berg aus überblickten sie den See mit seinen Ufern. Wie auf einer lang gezogenen Ameisenstraße drängten die Menschen um den See herum zu ihnen. Als hätte er sie hypnotisiert, folgten sie ihm blindlings. Jesus erinnerte sich an die Worte der Propheten: „Eine verlorene Herde war mein Volk", „eine Schafherde, die niemand zusammenhält".

Wie bei allen religiösen und politischen Bewegungen gab es auch Mitläufer: Ein Junge sollte einen Korb mit fünf Gerstenbroten und zwei Fischen zu einem Kunden bringen. Sein Weg führte ihn die Uferstraße entlang. Eine riesige Menschenmenge versperrte ihm den Weg. Er war neugierig, was der Grund sein könnte, und schob sich durch die Menge nach vorn. Da sah er, wie Jesus Blinde, Behinderte und Taube, auch einen Lahmen von dessen Trage weg heilte. Dann stieg Jesus in ein Boot. Langsam glitt es mit aufgespannten Segeln über den See. Die Menge setzte sich in Bewegung. Der Junge wurde gestoßen, geschubst, unter dem Arm gepackt und mitgezerrt. Anfangs hatte er sich noch gewehrt. Aber dann war er mitgetrottet. Er brauchte sich nur treiben zu lassen. „Heute passiert etwas Großartiges", hörte er jemanden sagen. Was er mit den Broten und Fischen machen sollte, wusste er schon nicht mehr. Er nahm sie mit. Jemand half ihm tragen.

Der Weg führte über den Zufluss zum See ans andere Ufer. Dort angekommen strömte die Menge zu dem Berg, auf dem Jesus und die Jünger zu sehen waren. Es war Abend geworden. Die Menge lagerte sich auf dem sanft abfallenden Wiesenhang unterhalb von Jesus und den Jüngern. Ein Jünger kam zu dem Jungen. Er kaufte ihm den Korb mit Inhalt ab und bezahlte gut. Den Korb brachte er zu Jesus. Dann geschah das Großartige, von dem unterwegs gesprochen worden war: Jesus nahm die Brote und Fische, hob sie zum Himmel, sprach ein Dankgebet und ließ sie verteilen. Alle wurden satt. Ob von den fünf Gerstenbroten und zwei Fischen oder weil sie ihr Mitgebrachtes miteinander teilten, wusste hinterher keiner mehr. Ein Wunder war es. Denn die übrig gebliebenen Brocken füllten zwölf Körbe. Ein Sturm der Begeisterung brach los. Jesus hatte sich, so glaubte die Menge, als ihr Brotkönig bewiesen. So waren sie das von den Herrschenden gewohnt. Die machten sich mit Brot und Spielen beliebt.

Um sich herum hörte der Junge Leute sagen: „Jesus muss an die Macht. Dann wird alles besser."

Hier und dort ertönten Hochrufe auf Jesus. Sie schwollen an: „Heil, Heil!"

Andere nahmen sie auf und ergänzten sie: „Die Römer raus! Heil Jesus!"

Das griff wie ein Bazillus um sich. Sprechchöre bildeten

sich. Sie wurden lauter. Die erst geschwiegen hatten, stimmten mit ein. Irgendwo stieg – woher bloß? – eine Fahne hoch. Einige klatschten den Takt zu den Sprechchören. Wer jetzt noch zweifelte, ordnete sich unter. Da erkannte Jesus, dass sie kommen würden, um ihn in ihre Gewalt zu bringen und zum König zu machen. Daher zog er sich wieder auf den Berg zurück, er allein. Selbst seine Jünger waren von der wahnwitzigen Idee, ihren Herrn zum König auszurufen, ergriffen. Jesus, allein auf dem Berg, weinte. Er wusste, es war nicht das erste, auch nicht das letzte Mal, dass Menschen sich verirren. Er betete für sie.

20. Nicht fürchten! Ich bin's.
Der Gang Jesu auf dem Wasser

Ein warmer Sommerabend. Es war ganz windstill. Niemand wäre auf den Gedanken „Ruhe vor dem Sturm" gekommen. Die Versammlung hatte sich aufgelöst. Nur noch Einzelne waren geblieben. Sie hatten sich hier und dort gelagert. Die Jünger dachten, Jesus ist schon vorausgegangen. Sie stiegen ins Boot und ruderten auf den See hinaus. Als sie mitten auf dem See waren, wühlte ein Fallwind vom schneebedeckten Hermon herab den See auf. Petrus dachte: wie der Menschenwahn die Gemüter bei dem Ruf „Heil Jesus!" in Wallung brachte. Doch der Sturm wurde heftiger. Sie gerieten in große Not.
O Schreck, was kam da auf ihr Boot zu? Ein Gespenst? Die schäumenden Wellen legten sich vor dem, der da auf sie zukam, so dass er mühelos ausschreiten konnte. Auf dem Wasser! Die Jünger wurden bleich vor Schreck und Angst. Wer war das? „Fürchtet euch nicht! Ich bin's!", rief Jesus.
Sie nahmen Jesus ins Boot und sogleich legte sich der Sturm.

Einige fürchteten sich noch mehr: „Wer ist dieser Jesus? Bisher schien er ein besonderer Mensch zu sein. Ist er der Allmächtige selbst? Wie können ihm Wind und Regen, Sturm und Wellen gehorchen?"

Jesus redete ruhig auf sie ein, so dass sie ihre Angst verloren. Einige verstanden: „Der Glanz und Ruhm eines mächtigen Brot-und-Spiele-Königs hätte uns jetzt nicht helfen können. Ein Glück, dass Jesus unser Herr ist, auch wenn wir noch lernen müssen, wer er eigentlich ist, der unser Leben vor dem Tod bewahrt hat."

Die wunderbare Speisung hatte sich in Windeseile herumgesprochen. Aus Tiberias, ein Kur- und Vergnügungsort der Römer, den kein frommer Jude betrat, wollten Menschen den Wundertäter Jesus sehen und erleben. Sie fuhren in Booten an das Seeufer, wo Jesus viele Menschen mit fünf Gerstenbroten und zwei Fischen gespeist hatte. Weil sie weder ihn noch seine Jünger antrafen, fuhren sie gleich weiter nach Kafarnaum. Auch sie wollten großartige Wunder erleben und meinten, Jesus könne jederzeit tausend und noch mehr Menschen mit Wenigem speisen. Endlich begegneten sie ihm auf der Straße und wunderten sich, dass ihn keiner grüßte: Die ihm tags zuvor zugejubelt hatten und zu ihrem König machen wollten, weil er sie gespeist hatte, wollten nichts mehr von ihm wissen. Er hatte sie enttäuscht.

Als Jesus zum Beten in die Synagoge ging, folgten ihm einige. Vielleicht würde er erklären, warum er sich nicht zum König ausrufen ließ. Jesus erkannte ihre Gedanken. Er wandte sich ihnen zu:

„Sorgt und müht euch nicht um die Speise, die nur vorübergehend satt macht! Ich bin das Brot des Lebens; wer zu mir kommt, wird nie mehr hungern, und wer an mich glaubt, wird nie mehr Durst haben."

„Das geht doch gar nicht. Du bist Fleisch und Blut wie wir, kein Brot."

„Ich werde mich für euch und für viele geben zur Vergebung
eurer Schuld."
„Wir verstehen dich nicht: Du lebst und stehst vor uns."
„Ich bin das Brot, das vom Himmel gekommen ist."
Jesus taten die leid, die verständnislos ihren Kopf schüttel-
ten und weggingen. Traurig und liebevoll schaute er ihnen
nach. Die aus Tiberias gekommen waren, stimmten denen
zu, die Jesus zum König machen wollten: Das wäre etwas
Handfestes gewesen.

21. Ich aber sage euch
Die Bergpredigt

Viele im Volk hielten Jesus für den Verheißenen, der Israel von den Römern befreien und es zu Macht und Ansehen
führen würde. Jesus überlegte, wie er die Menschen von diesem Irrtum befreien und sie für das Reich Gottes gewinnen
konnte. Überallhin folgten sie ihm. Wenn er redete, hingen
sie an seinen Lippen, aber sie verstanden nicht, wozu er in die
Welt gekommen war. Als ihn wieder eine große Menschenmenge umringte, führte er sie auf einen Berg. Wie eine Na-
turkanzel überragte ein Fels eine große Mulde. Jesus bestieg
den Felsvorsprung. Hinter sich hatte er eine glatte Felswand.
Wenn er sprach, wurde der Schall in die unterhalb von ihm
Lagernden getragen. Er begann damit, alle Menschen guten
Willens einzuladen:

„Selig, die arm sind vor Gott,
    denn ihnen gehört das Himmelreich.
Selig die Trauernden,
    denn sie werden getröstet werden.

Selig, die keine Gewalt anwenden,
denn sie werden das Land erben.
Selig, die hungern und dürsten nach der Gerechtigkeit,
denn sie werden satt werden.
Selig die Barmherzigen,
denn sie werden Erbarmen finden.
Selig, die ein reines Herz haben,
denn sie werden Gott schauen.
Selig, die Frieden stiften,
denn sie werden Söhne Gottes genannt werden.
Selig, die um der Gerechtigkeit willen verfolgt werden,
denn ihnen gehört das Himmelreich."

Bei vielen war die Freude über die in den Seligpreisungen weit ausgebreiteten Arme Gottes groß. Schon die Propheten hatten einen weiten Raum geweissagt. Auch mit den Psalmen beteten sie ja: Gottes Güte reicht so weit, wie der Himmel ist, und seine Treue, so weit die Wolken ziehen. – Aber einige Gesetzeswächter, die sich unter das Volk gemischt hatten, protestierten:
„Die Gesetze sind doch schützende Mauern. Mit welchem Recht will dieser Jesus sie niederreißen?" „Ja", meinte ein anderer, „sollen wir etwa im Vertrauen auf diesen Jesus die totale Freiheit wagen?"
Diese Gesetzeswächter standen auf und gingen. Andere schlossen sich ihnen an. Jesus konnte ihnen noch nachrufen: „Ich bin nicht gekommen, das Gesetz, auch nicht die Propheten aufzulösen, sondern zu erfüllen." Sie ließen sich nicht aufhalten.
„Was ist die Absicht der Gesetze?" fragte Jesus die Zurückgebliebenen. „Nicht, dass sie aus Angst vor Strafe befolgt werden. Sie dienen als Geländer. Je mehr ihr Gott liebt, desto freier seid ihr. Lernt das an dem Gebot ‚Du sollst nicht töten!'– Ich sage euch: Jeder, der seinem Bruder auch nur

zürnt, soll dem Gericht verfallen sein. Strafe verdient auch, wer ihn Dummkopf oder Narr nennt."

Auch im Blick auf Ehescheidung, Schwören, Güterverteilung, Almosengeben und Beten vertiefte Jesus die Gesetze. Da verließen wieder viele die Mulde, in der sie sich gelagert hatten und Jesus zuhören wollten. – Den einen war das, was er sagte, zu radikal, anderen zu weltfremd.

Jesus aber fuhr fort: „Ebenso wurde den Alten beigebracht: ‚Du sollst nicht ehebrechen!' Ich aber sage euch: Wer eine Frau auch nur lüstern ansieht, hat in seinem Herzen schon Ehebruch mit ihr begangen."

„Sollen wir neuerdings auch wegen unserer Gedanken und Träume bestraft werden?", hörte man einige sagen. Sie gingen und nahmen andere mit.

Denen, die noch blieben, lehrte Jesus sein Gebet, das Vaterunser:

„Vater unser im Himmel,
geheiligt werde dein Name. Dein Reich komme.
Dein Wille geschehe wie im Himmel, so auf Erden.
Unser tägliches Brot gib uns heute.
Und vergib uns unsere Schuld,
wie auch wir vergeben unsern Schuldigern.
Und führe uns nicht in Versuchung,
sondern erlöse uns von dem Bösen.
Denn dein ist das Reich und die Kraft
und die Herrlichkeit in Ewigkeit. Amen."

Dieses Gebet, mit dem Jesus sich selbst stärkte, nahmen sie gerne auf. Aber dann fuhr er mit der Vertiefung von Geboten und Gesetzen fort. Er sprach vom Fasten und dass sie keine Schätze auf Erden sammeln sollten, dass sie nicht Gott und zugleich dem Mammon dienen konnten, dass sie sich nicht für Kleider, Essen und Trinken sorgen sollten, und vieles mehr. Die Reihen lichteten sich. Die Mulde war fast leer. Übrig blieben nur die Jünger.

Jesus warnte sie davor, sich über andere zu erheben. Sie sollten das Heilige nicht vor die Hunde, die Perlen nicht vor die Säue werfen. Viele Menschen würden den breiten Weg ins Verderben gehen. Auch wer meinte, vieles im Namen Gottes getan zu haben, könne deswegen doch den schmalen Weg zur engen Pforte verfehlen.

Jesu Bergpredigt rüttelte wie ein Sturm auch an dem Glauben der Jünger.

„Nicht jeder, der zu mir sagt: Herr, Herr!, wird in das Himmelreich kommen", sagte er, „sondern nur, wer den Willen meines Vaters im Himmel erfüllt."

„Aber wer kann dann überhaupt selig werden?" fragten die Jünger.

„Die Stufenleiter der Gesetze zu immer mehr Gerechtigkeit führt nicht zu Gott. ‚Ich bin der Weg und die Wahrheit und das Leben; niemand kommt zum Vater außer durch mich'."

22. Eine überraschende Begegnung
Der Hauptmann von Kafarnaum

Auch wenn viele sich von Jesus abwandten, weil sie ihn für zu radikal, zu weltfremd oder sogar für gesetzlos hielten, so zählten doch zahlreiche Menschen noch zu seinen Bewunderern. Der Zulauf war groß. Die Bewohner Kafarnaums konnten sich nicht erinnern, dass jemals so viele Besucher zu ihnen gekommen waren. Sie kamen nicht nur wegen Jesus. Kafarnaum war eine reiche Stadt in einer farbenfrohen Landschaft. Im weiten Umkreis dehnten sich fruchtbare Felder, Obstbaumhaine und Weingärten aus. Die Berghänge waren mit Wäldern bewachsen. Sie sorgten für ein mildes Klima. Viele Besucher blieben mehrere Tage. Sie kauften Essen,

Trinken und anderes. Kafarnaum nahm einen wirtschaftlichen Aufschwung. Die Bewohner verschönerten ihre Häuser, hielten die Straßen und Plätze sauber, pflegten ihre Gärten. Sie waren stolz; Jesus hatte Kafarnaum „seine Stadt" genannt. Es war seine Wahlheimat. „Jesus-Stadt", sagten einige.

Kafarnaum an der alten Heeres- und Handelsstraße „Via maris" hatte einen guten Stadtkommandanten. Der römische Hauptmann lebte die Seligpreisungen Jesu, ohne sie zu kennen und ohne dazu ermahnt worden zu sein. Er hatte die Stadt zu bewachen und für Ordnung zu sorgen. Er achtete auch darauf, dass nicht mehr als die vorgeschriebenen Zollgebühren verlangt wurden. Alles musste korrekt zugehen. Der Bevölkerung und seinen eigenen Untergebenen gegenüber war er nachsichtig, ja, geradezu fürsorglich. Er achtete die ernsthaft Glaubenden, auch wenn er als Römer für die Einheimischen ein „Heide", ein Unreiner war.

Das hinderte ihn nicht, die Bevölkerung, mit der er weder die Nationalität, die Religion, die Kultur, die Tradition, noch die Gesetze teilte, zu achten, ihre Andersartigkeit zu respektieren. Es war zu spüren: Er liebte die Menschen. Das äußerte sich auch darin, dass er für sie die Synagoge am Ort bauen ließ. Wo hatte es das jemals gegeben! Und wo ein guter Geist in einem Menschen wohnt, kommen andere bald hinzu. So war er auch ein fürsorglicher Vorgesetzter. Als einer seiner Leute an einer schmerzhaften Lähmung litt, sorgte er sich um ihn: Er hatte von Jesu Wunderheilungen gehört. Von seiner Zitadelle aus hatte er ihn beobachten können. Auch hatte er sich von Jesu Predigten erzählen lassen und über sie nachgedacht. Er vertraute Jesus. Darum bat er die Stadtväter, sich bei Jesus für ihn zu verwenden, damit er seinen Untergebenen gesund mache. Sie gingen zu Jesus und baten ihn: „Er verdient es, dass du seine Bitte erfüllst, denn er liebt unser Volk und hat uns die Synagoge gebaut." Jesus ging mit ihnen. Von der Zitadelle aus sah der Hauptmann Jesus und seine

Jünger kommen. Er kannte die jüdischen Reinheitsgesetze und wusste, dass ein gläubiger Jude nicht in das Haus eines Nicht-Juden geht, um sich nicht zu verunreinigen. Er respektierte diese Einstellung und schickte seine Freunde zu Jesus, damit sie ihm eine Nachricht ausrichteten: „Herr, bemühe dich nicht! Denn ich bin es nicht wert, dass du mein Haus betrittst. Deshalb habe ich mich auch nicht für würdig gehalten, selbst zu dir zu kommen. Sprich nur ein Wort, dann muss mein Diener gesund werden."

Jesus wunderte sich, wie sehr sich dieser Mann in andere hineindachte, mit ihnen fühlte und auf sie Rücksicht nahm. Er wandte sich um zu denen, die ihm folgten: „In Israel habe ich solchen Glauben nicht gefunden." Wie eine Ergänzung zu seiner Seligpreisung fügte er hinzu: „Viele werden von Osten und Westen kommen und mit Abraham, Isaak und Jakob im Himmelreich zu Tisch sitzen."

Jesus heilte den erkrankten Untergebenen des Hauptmanns. Dass Jesus wieder in Kafarnaum war, sprach sich herum. Wie schon vorher brachte man viele Kranke und Besessene zu ihm. Jesus heilte sie und trieb die Geister aus, ohne nach Religionszugehörigkeit, Nationalität und nach Glauben zu fragen. Es bewahrheitete sich, was Jesaja prophezeit hatte: „Er hat unsere Leiden auf sich genommen und unsere Krankheiten getragen."

23. Von Arbeitern, Senfkörnern und Schätzen
Die Gleichnisse vom Himmelreich

Wieder hatten sich viele Menschen am Seeufer von Kafarnaum versammelt. Sie warteten auf Jesus.

„Diese Stadt ist einmalig schön", meinte ein Besucher zu

einem Einheimischen. „Ich liebe die Ausblicke auf den See und die Berge ringsum. Tiberias mit seinen Heilquellen liegt nahe, und hier erlebt man den großen Heiler Jesus."

„Ja, nur, Tiberias, die Touristenstadt der Römer, lassen Sie besser unerwähnt."

„Es kommen immer mehr Menschen. Ich schlage vor, wir treten näher ans Ufer!"

Jesus bestieg ein Boot und ließ es ein Stück vom Ufer wegrudern.

Der Besucher war von diesem Anblick gebannt: Jesus stand aufrecht im Boot auf dem von der Sonne glitzernden See, dahinter der Höhenzug des Golan. Die Abendsonne verlieh der Landschaft und dem Wasser eine rote Tönung. Über den See konnte man weit hinaus ins Land blicken. Eine ruhige Landschaft. Schöner konnte sie nicht gemalt werden. Es herrschte vollkommene Windstille. Alles war friedlich.

„Da! Jesus winkt. Jetzt will er zu uns sprechen."

„Mit dem Himmelreich ist es wie mit einem Weinbergbesitzer", begann er zu erzählen. „Früh am Morgen ging er auf den Marktplatz. Dort fand er Tagelöhner für die Arbeit in seinem Weinberg. Er einigte sich mit ihnen auf einen Lohn. Dasselbe tat er am späten Vormittag, am frühen Nachmittag und kurz vor dem Abend. Zum Feierabend ließ er durch seinen Verwalter allen den gleichen Lohn zahlen, angefangen bei den zuletzt Eingestellten. Die den ganzen Tag gearbeitet und die Mittagshitze ertragen hatten, meinten, sie bekämen mehr. Doch der Weinbergbesitzer antwortete: ‚Hatten wir uns nicht auf einen Lohn geeinigt? Ihr habt bekommen, was ihr euch erarbeitet habt. Die anderen bekommen genauso viel wie ihr.' – ‚Aber wir haben mehr geleistet als diese.' – ‚Ich weiß, ich gebe den anderen mehr, als sie verdient haben. Seid ihr deswegen neidisch?'"

Hier beendete Jesus seine Erzählung mit den Worten: „So werden die Letzten die Ersten und die Ersten die Letzten sein. Gott entlohnt nicht nach Leistung. In seiner Liebe empfängt, wer weniger geleistet hat, erst recht der, der nicht viel leisten kann, genau so viel wie der Leistungsstarke, der durchgearbeitet hat. In der Nächstenliebe freut sich der, der mehr gearbeitet hat, mit dem, der weniger geleistet und dasselbe bekommen hat."

Eine Frau rief begeistert: „Lehre uns mehr davon! Ich möchte das meinen Kindern beibringen."

Jesus fuhr fort: „Vertrauen sich Menschen Gott an, wächst der Glaube in ihnen wie ein Senfkorn: Es ist das kleinste der Samenkörner, die ausgestreut werden. Aber es kann zu einem Baum werden. – Oder in einem anderen Bild gesagt, dann ist es wie mit dem Sauerteig: Ein wenig davon unter einen halben Zentner Mehl gemengt, durchsäuert den ganzen Teig. – Das Himmelreich ist auch gleich einem Schatz im Acker: Wer einen solchen Acker weiß, wird sich bemühen, ihn zu kaufen, und den Schatz ausgraben. – Das Himmelreich gleicht auch einer kostbaren Perle, die den Wert von vielen Perlen aufwiegt. Wer sie besitzen will, wird seine weniger wertvollen verkaufen, um mit dem Erlös sie zu erlangen. – So viel sollte euch ‚der bleibende Schatz im Himmel' wert sein."

Bildworte verstanden die Menschen leichter als abstrakte Reden. Durch viele Bildgeschichten verkündete Jesus ihnen das Wort so, wie sie es aufnehmen konnten.

III. UNTER STRENGER BEOBACHTUNG

24. Unverhoffte Gegner
Jesus in Nazaret

Mit der Zeit waren die meisten Menschen, die Jesus wegen seiner Bergpredigt kritisiert hatten und die sich enttäuscht fühlten, weil er sich nicht zum König hatte ausrufen lassen, zu seinen Bewunderern zurückgekehrt. Jesus lehrte in den Synagogen. Er wurde von allen gepriesen und wanderte viel herum. So kam er auch nach Nazaret, die Stadt seiner Kindheit und Jugend, und ging, wie er es gewohnt war, am Sabbat in die Synagoge. Man bat ihn um die Lesung und Auslegung des Schriftwortes und reichte ihm die Jesajarolle. Jesus las: „Der Geist des Herrn ruht auf mir, denn er hat mich gesandt. Er hat mich gesandt, damit ich den Armen eine gute Nachricht bringe; damit ich den Gefangenen die Entlassung verkünde und den Blinden das Augenlicht, damit ich die Zerschlagenen in Freiheit setze und ein Gnadenjahr des Herrn ausrufe."

Er gab die Rolle dem Synagogendiener zurück, setzte sich auf den Predigtstuhl und sprach: „Heute hat sich das Schriftwort, das ihr eben gehört habt, erfüllt."

Alle, die Jesus in der Synagoge von Nazaret zuhörten, staunten, welche Begabung der Schriftdeutung und der Redekunst Jesus besaß. Wie in einem Städtekampf zwischen Kafarnaum und Nazaret blickten sie stolz auf den Sohn ihrer Stadt. Jetzt war er endlich bei ihnen, und zu ihnen gehörte er, nicht zu denen in Kafarnaum! Nach einiger Zeit aber platzte einer, der eifersüchtig auf die am See Gennesaret gelegene reiche Stadt war, mit dem Satz heraus: „Wenn du in Kafarnaum so große Dinge getan hast, wie wir gehört haben, dann tue sie auch hier in deiner Heimat!"

Viele nickten zustimmend. Die Aufmerksamkeit für Jesu Predigt war gestört. Er stockte. Einige steckten die Köpfe zusammen und flüsterten.

„Was heißt hier ‚große Dinge‘?", sagte eine. „Ich kenne ihn von Kindesbeinen an. Er ist ein ganz normaler Mensch."

Eine andere fügte hinzu: „Ja, und wir sind mit Josef, seinem Vater, verwandt. Er ist, wie Josef, jahrelang als Handwerker umhergezogen: Unsere Wohnhöhle hat er gebaut!"

„Ja, und jetzt spricht er so klug daher, als hätte er studiert!"

„Habt ihr nicht gemerkt, womit er die Predigt begonnen hat", eiferte sich einer: „Heute hat sich das Schriftwort vor euren Ohren erfüllt. Was maßt sich dieser Jesus an?"

Das Reden wurde lauter:

„Meint der etwa, die Weissagung des Propheten Jesaja habe sich in ihm erfüllt?"

„Nein, das kann nicht sein. Denn das ist eine Messiasweissagung. Er aber ist ein Mensch wie wir."

Da war der Siedepunkt erreicht.

Jesus entgegnete: „Kein Prophet wird in seiner Heimat anerkannt. So erging es schon anderen."

Jesus warnte, Gott habe die Untreue Israels schon früher bestraft: In der Zeit großer Hungersnot habe Gott den Propheten Elija nur zu der Witwe in Sarepta bei Sidon geschickt, deren Topf mit Mehl und Krug mit Öl nicht leer wurden. Und als es viele Aussätzige in Israel gab, habe der Prophet Elischa nur den Syrer Naaman geheilt. Die Witwe in Sarepta genauso wie Naaman aber seien „Heiden" gewesen.

Einer rief laut: „Habt ihr gehört: Er droht uns: Erkennt ihr mich nicht als von Gott gesandt an, entzieht Jahwe euch seine Liebe. Das ist Gotteslästerung!"

„Wer Gott lästert, gehört gesteinigt!"

Einige packten Jesus und stießen ihn zur Stadt hinaus an den

Felsabhang. Sie wollten ihn hinunterstürzen. Andere verwehrten das: „Das ist verboten. Er muss erst vor Gericht verhört und verurteilt werden. Ein Todesurteil kann nur von einem römischen Gericht gefällt werden. Die Römer vollstrecken es auch."

Jesus nutzte den Tumult. Er ging mitten durch die Menge hindurch und kehrte zurück nach Kafarnaum, in „seine" Stadt. Dass Jesus die Messiasweissagung Jesajas in dem Synagogengottesdienst in Nazaret auf sich bezogen hatte, sprach sich bis nach Jerusalem herum. Der Hohepriester war darüber zutiefst erzürnt:

„Er spricht von sich, als wäre er Gott."

Die Zeit der Bewunderung und des großen Zulaufs war vorbei. Nun begann die Zeit der Entscheidung für oder gegen Jesus.

25. Verfolgt und bespitzelt
Heilung am Sabbat

Eines Tages, als Jesus wieder lehrte, saßen unter den Zuhörern auch Pharisäer und Gesetzeslehrer; sie waren aus allen Dörfern Galiläas und Judäas und aus Jerusalem gekommen. Der Hohepriester in Jerusalem hatte sie alle dazu aufgefordert. Wo immer Jesus von nun an in Galiläa oder Judäa lehrte oder heilte, musste er damit rechnen, beobachtet zu werden. Diese Spitzel prüften, ob er etwas Strafbares tut, beispielsweise bei der Heilung eines Aussätzigen den Kranken berührte. Die Heilung selbst beeindruckte die Beobachtenden weniger. Aber durch die Berührung des Aussätzigen verunreinigte er sich. Ein solches Vergehen notierten sie. Die ihn bespitzelten, blieben ihm auf den Fersen. Sie fragten ihn auch: „Warum essen und trinken deine Jünger, während die Jünger des Täufers Johannes, auch die der Pharisäer fasten."

„Könnt ihr denn die Hochzeitsgäste fasten lassen, solange der Bräutigam bei ihnen ist?"

Mit dieser Antwort forderte Jesus sie sogar noch heraus. Sie steckten ihre Köpfe zusammen:

„Mit dem ‚Bräutigam‘ meint er natürlich sich. Aber diese Antwort ist trotzdem so orakelhaft, dass sie verschieden ausgelegt werden kann. Sie reicht nicht für eine Anklage vor dem Gericht."

Ein anderes Mal beobachteten Pharisäer, dass seine Jünger an einem Sabbat beim Gang durch ein Kornfeld Ähren ausrauften, sie zwischen den Händen zerrieben und die Körner aßen. Dass sie Ähren von einem Feld nahmen, störte die Gesetzeswächter nicht. Aber Ähren raufen und zwischen den Händen zerreiben war Arbeit, und die war am Sabbat untersagt.

Als sie Jesus fragten, warum er seinen Jüngern das erlaube, antwortete er: „Der Sabbat ist für den Menschen da, nicht der Mensch für den Sabbat. Deshalb ist der Menschensohn auch Herr über den Sabbat."

Wieder berieten sie sich: „Er ist äußerst geschickt. Nie würde er sich selbst den Messias nennen. Er weiß, dann könnten wir ihn wegen Gotteslästerung zum Tode verurteilen lassen. Mit ‚Sohn des Menschen‘ meint er natürlich sich, aber dieser Begriff bedeutet schlicht und einfach ‚Mensch‘. Dagegen ist wieder nichts einzuwenden."

Diesem Pharisäer widersprach ein anderer: „Aber der Mensch ist doch nicht Herr über den Sabbat. Er kann das Sabbatgesetz nicht einfach aufheben."

Einer der Gesetzeslehrer winkte ab: „So leicht ist es nicht, vor Gericht zu beweisen, dass er sich über das Gesetz gestellt hat. Aber eins ist klar: Er passt nicht in unser System."

Die Lage spitzte sich immer mehr zu: Als Jesus an einem anderen Sabbat nach seiner Gewohnheit in die Synagoge ging, warteten die, die ihn beobachteten, schon auf ihn. In der Synagoge saß ein Mann mit einer verdorrten rechten Hand. Wollte Jesus die, die ihm auf den Fersen waren, noch herausfordern? Er bat den Kranken, nach vorne zu treten. Dann wandte er sich an sie:

„Ich frage euch: Was ist am Sabbat erlaubt, Gutes zu tun oder Böses, ein Leben zu retten oder es zugrunde gehen zu lassen?"

Er schaute einen nach dem anderen an. Ein quälender Moment für sie. Jesus hatte seine Frage in ihr Gewissen gestellt: Hätten sie ihm jetzt zugestimmt, Gutes dürfe man am Sabbat tun, hätten sie Widerspruch aus ihrem eigenen Lager erhalten.

Jesus wandte sich zu dem Kranken: „Streck deine Hand aus!" Er tat es, sie wurde gesund. Weil Jesus seine Spitzel in eine Zwickmühle gebracht hatte und sie die Heilung am Sabbat nicht hatten verhindern können, wurden sie von Wut gepackt. Sie überlegten, ob sie genügend Gründe hatten, um ihn vor Gericht schuldig sprechen und zum Tode verurteilen zu lassen. Doch dazu reichten seine Verstöße gegen das Sabbatgebot nicht aus. Doch an den Hohen Rat wollten sie einen Bericht schicken.

Einer schlug vor: „Wir sammeln erst Argumente. Ordnen können wir sie später: Er verstößt gegen das Sabbatgebot, bezieht Messiasweissagungen auf sich, maßt sich das Recht an, Sünden zu vergeben, berührt Aussätzige, isst mit den Sündern und Zöllnern. Ich denke, das reicht."

„Und was ist mit den Wunderheilungen?"

„Richtig! Ich schlage vor: Er ist ein Pseudoprophet und heilt mit der Kraft des Bösen."

Ein Gesetzeslehrer lieferte gleich seinen Kommentar dazu: „Einiges davon lässt sich vor Gericht gebrauchen. Auf Gotteslästerung steht nach unserem Gesetz die Todesstrafe. Für die Römer ist das jedoch kein Grund, ihn hinzurichten. Wir müssen ihm auf der Spur bleiben."

26. Wie in einem aufgeschlagenen Buch
Die Berufung der restlichen Jünger

Freunde berichteten Jesus von dem Inhalt des Berichts an den Hohen Rat.

„Ja, ich spüre es: Der Wind weht schärfer und kälter gegen mich und meine Jünger."

Er stellte sich der Herausforderung, indem er für die Kirche, die nach seinem Tod entstehen sollte, vorsorgte. Sie sollte sein Sterben als Sieg über die Todesmächte und einen hoffnungsfrohen Ausblick in die Ewigkeit verkünden. Ein Schritt zum Aufbau der Kirche war die Auswahl der Apostel: In diesen Tagen ging er auf einen Berg, um zu beten. Er verbrachte die ganze Nacht im Gebet zu Gott. Bei Tagesbeginn rief er alle Jünger zusammen. Es war bereits eine ansehnliche Zahl. Viele hatten ihn schon von seiner Taufe an begleitet.

Für Jesus war die Vertiefung im Gebet wichtig. Die Zwiesprache mit Gott diente nicht der Auswahl der Apostel nach ihrer Abstammung, ihrem biografischen Werdegang, Begabung, Eignung, Beruf, Wissen und Können. Danach brauchte Jesus nicht zu fragen. In jedem konnte er lesen wie in einem aufgeschlagenen Buch. Wichtiger war für die aufblühende Kirche, für welche Aufgaben die Apostel ausersehen werden würden, wie sie darin dienen, was sie dafür erleiden und welchen Beistand ihnen gegeben werden konnte. Diese Vorschau und vielfältige Zusammenschau, auch in der Fürbitte für sie und die Kirche verlangt eine große Gebetsstille. Die

Apostel sollten später Gottesboten werden. Sie sollten ein Herz und offenes Ohr für Gott haben, sie sollten in sich und in ihrem Reden Gott zu Wort kommen lassen und Gottes Güte, Liebe und Barmherzigkeit leben. Sie sollten Menschen guten Willens einladen, mit ihnen Jesus nachzufolgen. Wie Jesus der „gute Hirte" der Kirche war, sollten auch sie Hirten der Kirche und Gemeinden werden. Dazu wählte Jesus von Gott Begnadete.

Die Auswahl unterschiedlicher Menschen zeigte: Sie waren in Gott eins, selbst wenn sie in anderer Weise sogar gegensätzlich waren. Die Bindung an Gott innerhalb ihrer Gemeinschaft war stärker als das, was sie im Alltag, Beruf oder Politik trennte. Sonst hätten beispielsweise Levy, den Jesus von der Zollstation weg in seine Nachfolge rief, und Simon, der Zelot, nicht gemeinsam das Abendmahl empfangen können. Mit Thomas öffnete Jesus seine Jüngerschaft auch für Kritische, die manches hinterfragen. Jesus wusste, dass Judas Iskariot ihn verraten würde. Warum er ihn trotzdem dazunahm, bleibt ein Geheimnis.

27. Mächtiger als der Tod
Der Jüngling zu Nain und die Tochter des Synagogenvorstehers

Als Jesus wieder einmal von vielen Menschen umringt wurde, wich er ihnen mit seinen Jüngern auf wenig begangene Wege aus. Sie zogen durch das Land und glaubten sich unbehelligt. Aber sie hatten sich getäuscht. Bald zog ihnen wieder eine Menge Menschen nach. Auszuschließen war nicht, dass auch kritische Beobachter unter ihnen waren.

Sie gelangten zu einer kleinen Stadt mit Namen Nain. Als sie durch das Stadttor wollten, kam ihnen ein Trauerzug entgegen. Der einzige Sohn einer Witwe wurde zu Grabe getragen. Viele folgten ihr und dem Sarg, denn sie hatten Mitleid mit ihr. Auch Jesus war von Mitleid gerührt. Zu der Witwe sagte er: „Weine nicht!" Er trat an den Sarg. Die Träger standen still und setzten ihn ab. Jesus legte seine Hand auf die des Toten. Dass er sich dadurch rituell verunreinigte, darüber war er, in Liebe, erhaben. Er sprach: „Jüngling, ich sage dir: Steh auf!" – Sogleich richtete sich der Jüngling auf und fing an zu reden. Jesus gab ihn seiner Mutter wieder.

Die erste Reaktion bei allen war Furcht. Was geschehen war, konnten sie nicht in ihre Erfahrungen einordnen: „Wenn so etwas geschieht, was könnte noch alles geschehen?"

Die zweite Reaktion richtete sich mit Dank an Gott.

Doch an dritter Stelle fragten sie: „Was ist dieser Wundertäter für ein Mann?"

„Ein Prophet ist unter uns. Gott hat sich seines Volkes angenommen. Das ist ein Zeichen. Gott wird dem ganzen Volk Gutes tun", war die überwiegende Meinung. Mit „Prophet" meinten sie einen Gottgesandten. An Gottes Sohn dachten sie nicht. Aber schon füllte jeder den Gedanken an den „Propheten" mit eigenen Wünschen.

Für Jesus und seine Jünger war es Zeit zu gehen, bevor die Menge zur Besinnung kam und ihm danken, ihn ehren, beschenken oder gar zu ihrem König machen wollte. Die Faszination der vielen, die sich um den Auferweckten drängten, nutzte er und entwich ihnen. Seine Jünger kannten diese Reaktion schon. Sie schlossen sich ihm an. Sie kamen in eine andere Stadt. Da trat ein Synagogenvorsteher zu Jesus. Er fiel vor ihm nieder und bat ihn: „Meine Tochter ist eben gestorben; komm doch, leg ihr deine Hand auf, dann wird sie wieder lebendig."

Jairus, so hieß der Synagogenvorsteher, traute Jesus zu, seine Tochter wieder zum Leben zu erwecken. Woher nahm er den Mut, sich vor Mitgliedern seiner Synagogengemeinde Jesus vor die Füße zu werfen? Der Vorsteher hatte Predigten von Jesus gehört, hatte bei Heilungen zugesehen. Jesus hatte eine Saite in ihm zum Klingen gebracht. Er war ein geheimer Anhänger Jesu geworden. Jesus ging mit ihm. Seine Jünger und andere schlossen sich ihnen an.

In einem Menschengedränge kann es passieren, dass Menschen sich berühren. Eine Frau berührte Jesus. Aber sie hatte bewusst den Saum seines Gewandes angefasst. Zwölf Jahre hatte sie an Blutfluss gelitten. Kein Arzt hatte ihr helfen können. Aber sie glaubte, wie der Synagogenvorsteher, an Jesu Wunderkraft. Sie war überzeugt: Bekomme ich sein Gewand kurz zu fassen, werde ich gesund. Jesus hatte gespürt, dass eine Kraft von ihm ausgegangen war. Er wandte sich um und fragte, wer ihn angefasst hat. Ängstlich zitternd trat diese Frau vor ihn und bekannte ihm, sie habe es getan. Mit warmherziger, mitfühlender Stimme wandte Jesus sich ihr zu: „Hab keine Angst, meine Tochter, dein Glaube hat dir geholfen."

Nach diesem Aufenthalt setzte sich die Menge, allen voran Jesus mit dem Synagogenvorsteher, wieder in Bewegung. Als sie sich dem Haus des Jairus näherten, hörten sie Flötenspieler und Klageweiber. Kein Zweifel, das war die Totenklage! Aber was für ein Totenkult! Das Flötenspiel erinnerte an den Reigentanz von Frauen, wie er auf Fresken zu sehen war: In einer langen Reihe tanzten sie, indem jede die Hände der übernächsten vor und hinter ihr fasste. Mit Musik und Tanz sollte der Gott der Unterwelt wohlwollend gestimmt werden. Die Klageweiber mit ihrem Geschrei beweinten die Tote. In dieses Getümmel hinein rief Jesus: „Geht hinaus! Das Mädchen ist nicht gestorben. Es schläft nur."

Hellauf lachten alle. Doch sie lachten nicht vor Freude, sondern sie lachten über Jesus. Mit Petrus, Jakobus und Johannes und mit den Eltern ging Jesus in das Zimmer des Kindes. Er nahm es bei der Hand: „Talita kumi! Ich sage dir: steh auf!" Sogleich stand sie auf und ging im Zimmer umher. Den Eltern und den drei Jüngern gebot er, niemandem etwas davon zu sagen. Die Menschen sollten glauben, das Mädchen habe geschlafen und sei geweckt, nicht auferweckt worden. Dass er sie ins Leben zurückgeholt hatte, dafür wollte er wieder nicht bedankt, geehrt oder beschenkt werden. Mit den Jüngern entfernte er sich.

Natürlich sprachen sich diese Wunder herum. Aufgebauscht gelangte die Kunde zum Hohenpriester. Sein Urteil war: „Dieser Mann stört unsere durch Gesetze geordnete Welt. Selbst wenn er nicht aus der Macht des Bösen, sondern aus Gott handelt, wird er zum Störenfried. Wir aber sind nicht bereit, die Macht aus den Händen zu geben."

28. Böse Vorahnungen
Das Petrusbekenntnis in Caesarea Philippi

Überall, wo Menschen sich um Jesus sammelten, weil sie geheilt werden, seine Botschaft von Gott hören oder Außergewöhnliches erleben wollten, mischten sich Pharisäer, Gesetzeswächter, Gesetzeslehrer und Schriftgelehrte darunter. Um nicht ständig von den Spitzeln des Hohenpriesters beobachtet zu werden, wechselte Jesus oft in eine andere Gegend. Mal war er im südlichen Galiläa, dann in der Umgebung von Tyrus und Sidon, kurz wieder in Galiläa, bald jenseits des Jordans, dann in Samaria oder im Territorium des Philippus. Einem, der ihm nachfolgen wollte, schilderte er dieses Unstete: „Die Füchse haben ihre Höhlen und die Vögel ihre Nester, der Menschensohn aber hat keinen Ort, wo er sein Haupt hinlegen kann." Immer öfter gebot Jesus denen, die er geheilt hatte, niemandem etwas zu sagen. Den Jüngern hatte er untersagt, ihn Messias zu nennen.

Einmal war Jesus nach Caesarea Philippi ausgewichen. Kaiser Augustus hatte die nördliche Provinz dem König Herodes I. geschenkt. Der hatte als Dank an den Kaiser hier einen Marmortempel errichtet. Philippus, ein Sohn des Herodes, hatte bei der Aufteilung des Königreichs den nördlichen, nach Osten zur Wüste offenen Teil erhalten. Die Stadt mit der Jordanquelle hatte er zur Hauptstadt ausgebaut. Er hatte sie Caesarea Philippi genannt. Auf der Vorderseite einer Kupfermünze, die er in Umlauf brachte, war der Kopf des Kaisers „der Anzubetende", mit dessen Namen zu sehen, auf der Rückseite der marmorne Augustustempel.

Die Kanaaniter verehrten an der Felswand über der Grotte der Jordanquelle Gottheiten der Quellen, die Griechen den bocksfüßigen Gott Pan. Sie nannten den Ort Paneas, „Grotte des Pan". In den aus der Felswand gehauenen Nischen standen die Standbilder dieser Gottheiten. Angesichts des Augustus-Tempels und der Götterstandbilder fragte Jesus seine Jünger:

„Für wen halten die Menschen den Gottessohn"?

„Die einen halten dich für Johannes den Täufer, andere für Elija, wieder andere für Jeremia oder einen anderen Propheten."

„Ihr aber, welchen Platz räumt ihr mir ein?"

Petrus bekannte: „Du bist der Messias, der Sohn des lebendigen Gottes!"

„Das hast du nicht aus dir gesagt. Das hat Gott dir eingegeben. Weil du ein Werkzeug in Gottes Hand bist, nenne ich dich ‚Petrus' (Fels). Auf diesem Fels werde ich meine Kirche bauen, und die Mächte der Unterwelt werden sie nicht überwältigen."

Kaum hatte Petrus sich jedoch von Gott gebrauchen lassen, fiel er in die Hände des Versuchers. Als Jesus auf dieser Wanderung den Jüngern sein bevorstehendes Leiden, Sterben und Auferstehen verkündete, nahm Petrus ihn beiseite

und warf ihm vor: „Das soll Gott verhüten, Herr! Das darf
nicht mit dir geschehen!"

Petrus bedachte nicht, dass schon der Gedanke, nach Jerusalem zu gehen und sich dort einem qualvollen und schändli-
chen Tod auszuliefern, für Jesus quälend war. Diesen Gang
zu vermeiden, war für Jesus eine Versuchung. Zu dem Versucher in Petrus sagte er darum: „Weg mit dir!"

Auch die anderen Jünger wehrten sich gegen Jesu Leidens-
ankündigung. Sie kannten ihren Herrn gesund und lebens-
stark. Selber fühlten sie sich auf der Höhe ihres Lebens und
dachten nicht ans Sterben. Außerdem hatten sie bei dem
Sturm auf dem See seine Macht über Naturgewalten erlebt.
Viele Kranke und Besessene hatte er geheilt, die Tochter des
Jairus und den Jüngling in Nain vom Tod auferweckt. Er
war also Herr auch über den Tod. Folglich, so dachten sie,
brauchte er nicht zu sterben.

29. Bei den Samaritern
Jesus und die Samariterin am Jakobsbrunnen

Immer auf der Wanderschaft, nicht wissen, wo nächtigen, ob
und was essen und trinken und ständig bespitzelt zu werden –
ein leidvolles Leben! Wieder war Jesus mit seinen Jüngern
über die Grenze gegangen, um die Verfolger loszuwerden.
Müde von der Wanderung setzte er sich bei Sichem an den
Jakobsbrunnen. Seine Jünger waren in den Ort gegangen. Da
kam eine Frau zum Wasserschöpfen. Jesus bat sie, ihm zu
trinken zu geben. Sie fragte: „Wie kannst du als Jude mich
als Samariterin um Wasser bitten?"

Für gewöhnlich vermieden die Juden den Kontakt mit den
Samaritern. Warum war dieser Jude so anders zu ihr? Die

Frau am Brunnen wunderte sich. Ihr Volk wurde von den Juden verachtet, weil es ein Mischvolk war. Die Assyrer hatten nach ihrer Eroberung des Nordreiches einige hundert Jahre zuvor elf der zwölf Stämme Israels verschleppt. Sie blieben verschollen. Einen Teil der Landbevölkerung hatten sie zurückgelassen und Veteranen ihres Heeres angesiedelt. Die hatten sich mit den Zurückgelassenen vermischt. Die Samariter fühlten sich als Juden, wurden von diesen aber nicht anerkannt. Außerdem gab es Glaubensunterschiede: Die Samariter achteten nur die fünf Bücher Mose. Der Berg Garizim war ihnen heilig. Jesus nahm die Verwunderung der Frau gleichmütig hin.

„Wenn du wüsstest, worin die Gabe Gottes besteht und wer es ist, der zu dir spricht: Gib mir zu trinken, du hättest ihn gebeten, und er hätte dir lebendiges Wasser gegeben", sagte er.

„Bist du etwa größer als unser Vater Jakob, der uns diesen Brunnen gegeben hat?"

„Wer von dem Wasser trinkt, das ich ihm geben werde, wird niemals mehr Durst haben, vielleicht wird das Wasser, das ich ihm geben werde, zur sprudelnden Quelle werden, deren Wasser ewiges Leben schenkt."

Schnell war das Gespräch zu einem Glaubensgespräch geworden. Ausgehend vom natürlichen Wasser waren sie auf das „lebendige Wasser" zu sprechen gekommen.

Die Frau bat Jesus. „Gib mir dieses Wasser, damit ich keinen Durst mehr habe und nicht mehr hierher kommen muss."

Jesus verstand, gerne wollte sie die Frohbotschaft Gottes hören. Er war dazu bereit. Obwohl er wusste, dass sie unverheiratet mit einem Mann zusammenlebte, sagte er zu ihr: „Geh, ruf deinen Mann und komm wieder!"

Sie gab ehrlich zu: „Ich habe keinen Mann."

Jesus deckte bei ihr unvergebene Schuld auf. Sie stand im Widerspruch zu ihrer Gläubigkeit:

„Fünf Männer hast du gehabt. Und der, den du jetzt hast, ist nicht dein Mann."

Anstatt über diese Bloßstellung durch einen Fremden entrüstet zu sein, fühlte sie sich angesprochen. Aus ihrem Glauben heraus stellte sie sogleich die für die Samariter entscheidende Frage: „Unsere Väter haben auf diesem Berg Gott angebetet; ihr aber sagt, in Jerusalem sei die Stätte, wo man anbeten muss."

„Die Stunde kommt und sie ist schon da, zu der die wahren Beter den Vater anbeten werden im Geist und in der Wahrheit."

„Ich weiß, dass der Messias kommt, das ist der Gesalbte, Christus."

Als sie das gesagt hatte, offenbarte sich Jesus der Samariterin: „Ich bin es, ich, der mit dir spricht."

Die Jünger kamen aus dem Ort. Sie wunderten sich, dass ihr Meister mit einer Samariterin sprach. Doch keiner sagte etwas. Die Samariterin war von dem Gespräch mit Jesus so beeindruckt, dass sie ihren Wasserkrug stehen ließ und eiligst in den Ort lief: „Kommt her und seht, da ist ein Mann, der mir alles gesagt hat, was ich getan habe: Ist er vielleicht der Messias?"

Die Menschen eilten mit ihr zum Brunnen; ein Zeichen, dass es noch mehr gläubige Samariter gab, die, obwohl sie keine Juden waren, auf das Kommen des Messias warteten.

„Rabbi, iss!", drängten die Jünger. Aber Jesus war so angetan von dem Gespräch mit der Samariterin, dass er nichts essen wollte: „Ich lebe von einer Speise, die ihr nicht kennt … Meine Speise ist es, den Willen dessen zu tun, der mich gesandt hat, und sein Werk zu Ende zu führen."

Viele Samariter kamen zunächst auf das Wort der Samariterin zum Glauben. Sie luden Jesus zu sich ein. Jesus blieb zwei Tage und sprach zu ihnen von dem Reich Gottes. Noch mehr Samariter und Samariterinnen bekannten freimütig:

„Er ist wirklich der Retter der Welt."
Je mehr Anerkennung Jesus bei den Samaritern fand, umso
strikter wurde er von dem Hohenpriester abgelehnt: „Ein
Unreiner, kein Messias ist dieser Jesus, ein Samariter."

30. Eine unangenehme Lektion
Das Gleichnis vom barmherzigen Samariter

Wer sich von Samaritern einladen ließ, bei ihnen zu woh-
nen und mit ihnen zu essen, verunreinigte sich nach den geltenden Vorschriften so, dass er zu einem von ihnen wurde.
Dass Jesus Freunde und Anhänger bei den Samaritern hatte, sprach sich herum. In einem Streitgespräch wurde ihm
vorgeworfen: „Du bist ein Samariter und von einem Dämon
besessen."
„Ich bin von keinem Dämon besessen, sondern ich ehre meinen Vater."
Auf den Vorwurf, ein Samariter zu sein, antwortete Jesus
mit einer Geschichte. Die Gelegenheit dazu bot sich, als ein
Pharisäer ihn fragte, was er tun müsse, um das ewige Leben
zu erlangen. Zunächst stellte ihm Jesus die Gegenfrage:
„Was steht in der Tora? Was liest du da?"
„Du sollst den Herrn, deinen Gott lieben mit ganzem Herzen und ganzer Seele, mit all deiner Kraft und mit all deinen
Gedanken. Und deinen Nächsten sollst du lieben wie dich
selbst."
„Du hast richtig geantwortet. Handle danach, und du wirst
leben."
„Ja, aber wer ist denn mein Nächster?"
Daraufhin erzählte Jesus eine Geschichte, mit der der Phari-
säer nicht gerechnet hatte:

„Ein Mensch ging von Jerusalem nach Jericho hinab und wurde von Räubern überfallen: Sie plünderten ihn aus und schlugen ihn nieder und ließen ihn halbtot liegen. Ein Priester kam des Weges. Er sah ihn und ging vorbei. Ihm folgte ein Levit. Er tat dasselbe. Dann kam ein Samariter. Als er ihn sah, ging er zu ihm, goss Öl und Wein auf seine Wunden und verband sie. Dann hob er ihn auf sein Reittier, brachte ihn zu einer Herberge und sorgte für ihn. Am andern Morgen holte er zwei Denare hervor, gab sie dem Wirt und sagte: Sorge für ihn, und wenn du mehr für ihn brauchst, werde ich es dir bezahlen, wenn ich wiederkomme."

Dass Jesus in seiner Geschichte einen Priester und einen Levit mitleidlos an dem unter die Räuber Gefallenen vorübergehen ließ, machte den Pharisäer betroffen. Dass Jesus aber ausgerechnet einen Samariter über den Verletzten sich erbarmen ließ, strafte ihn und viele für ihre Voreingenommenheit gegen Samariter.

„Wenigstens hat er mir erspart", dachte er, „dass der Verletzte und der Samariter Freunde wurden. Schlimm genug, dass er den Überfall in Judäa geschehen ließ, wo doch die Samariter räuberischer sind als die Judäer."

Jesus fragte den Gesetzeslehrer, wer in dieser Geschichte die Nächstenliebe geübt hat. Er war gezwungen zu antworten: „Der, der barmherzig an ihm gehandelt hat." Den Namen „Samariter" vermied er, als sei er in Jesu Erzählung nicht vorgekommen. Das war der einzige, ein kleiner Triumph, der dem Pharisäer blieb.

Jesus antwortete: „Dann geh und handle so wie der Samariter!"

Grußlos und ohne Dank ging der Pharisäer.

31. Im Freudentaumel
Die Heilung der zehn Aussätzigen

Anfangs fühlte sich Jesus „nur zu den verlorenen Schafen des Hauses Israel gesandt". Aber in seiner Liebe zu allen Menschen überschritt er wiederholt diese Begrenzung und bereitete damit den Auftrag zur Missionierung aller Völker vor. Dass er sich damit auf den richtigen Weg begab, wurde ihm schon früh bei seinen wiederholten Kontakten vor allem mit Samaritern klar. Einmal begegneten ihm zehn Aussätzige. Als diese Jesus kommen sahen, stieg ihre Hoffnung auf Heilung. Unvorstellbar für sie dieses Glück, zu ihren Familien, Nachbarn und Freunden, zu den Gottesdiensten in ihren Synagogen und im Tempel und zu anderen Veranstaltungen zurückzukehren. Sie fieberten regelrecht Jesus, dem großen Wundertäter, entgegen. Natürlich blieben sie, wie das wegen der Ansteckungsgefahr vorgeschrieben war, in einiger Entfernung von Jesus und seinen Jüngern stehen. Ein Haufen Elend, mit der Aussicht, nie mehr gesund zu werden, sondern zu sterben. Was sie dabei noch deprimierte, war die Voreingenommenheit der Gesunden, sie oder ihre Eltern hätten gesündigt, darum seien sie mit der Krankheit bestraft worden. An dieser Diskriminierung litten sie besonders. Jetzt vielleicht geheilt zu werden? Unvorstellbar!

Einer von ihnen rief: „Jesus, Meister, hab Erbarmen mit uns!" Jesus empfand Mitleid mit ihnen. Er rief ihnen zu: „Geht, zeigt euch den Priestern!" Die Priester besaßen medizinische Kenntnisse. Zu ihnen gingen sie, so schnell sie konnten. Die Priester schauten sie an, untersuchten sie und stellten fest, sie waren gesund und kultisch rein geworden.

Das Leben begann für sie noch einmal neu. Neun von ihnen stürzten sich in ihre alten Gewohnheiten. Wieder gesund zu sein und überall mitmachen zu können, feierten sie in einem

Freudentaumel. Nur einer von ihnen feierte nicht. Er kehrte
zu Jesus zurück und bedankte sich. Er fiel vor ihm auf die
Knie und betete ihn an. Dieser eine war nicht nur geheilt
worden, er hatte auch Gottes Heil gefunden. Und dieser eine
war ein Samariter. Er galt zwar schon als Samariter als unrein. Seine Heilung von der schrecklichen Seuche änderte
daran nichts. Aber Jesus hatte ihn nicht verstoßen, sondern
Heil zum ewigen Leben gegeben. Er hatte es im Glauben an
den, den er persönlich als Heiland erfahren hatte, dankbar
angenommen.

„Es sind doch alle zehn rein geworden. Wo sind die übrigen
neun? Ist denn keiner umgekehrt außer diesem Fremden?"
fragte Jesus.

„Nein, er ist der Einzige."

Jesus streckte seine Hand aus und sagte zu ihm: „Steh auf
und geh! Dein Glaube hat dir geholfen."

32. Für Selbstgerechte
Das Gleichnis vom Pharisäer und vom Zöllner

Einmal saß Jesus im dichten Gedränge. Einige, die sich an-
scheinend gut kannten, standen in seiner Nähe, so dass er
ihre Unterhaltung mitanhören konnte. Jeder erzählte von
sich und hörte dem anderen kaum zu. Sie rühmten sich
selbst, wie gerecht, ehrlich und gut sie zu anderen seien. Andere dagegen machten sie schlecht. Nachdem Jesus sich das
eine Weile angehört hatte, erzählte er ihnen eine Geschichte:
„Ein Pharisäer und ein Zöllner gingen in den Tempel. Der
Pharisäer dankte Gott, dass er nicht wie die Räuber, Betrü-
ger, Ehebrecher oder wie dieser Zöllner ist. Dabei blickte er
über seine Schulter auf den, der hinter ihm stand: ‚Ich faste

zweimal in der Woche und gebe dem Tempel den zehnten Teil meines ganzen Einkommens.' Er hätte noch mehr aufzählen können: Viele Stunden studierte er jede Woche, vor allem am Sabbat, in den heiligen Schriften und vertiefte sich im Gebet. Er besuchte Gottesdienste, Andachten, Gebetsstunden, nahm an den liturgisch vorgeschriebenen Festen teil, half bei deren Vor- und Nachbereitungen, beteiligte sich an Gesprächen und Diskussionen über die Tora. Seinem Glauben und der Synagoge widmete er viel Zeit.

Als der Zöllner den Pharisäer so beten hörte, ging er in sich: ‚Was bin ich doch für ein schlechter Mensch! Von dem, was der Pharisäer aufgezählt hat und darüber hinaus nennen könnte, habe ich nichts vorzuweisen.' Er wagte nicht einmal aufzuschauen, sondern schlug an seine Brust: ‚Gott sei mir gnädig!' Dieser kehrte gerechtfertigt nach Hause."

Danach schwieg Jesus und wartete die Reaktion seiner Zuhörer ab.

„Was mischt der sich in unsere Unterhaltung!", empörte sich einer.

„Ja, ich wollte gerade noch von meinem Nachbarn berichten. Jetzt weiß ich nicht mehr, was es war."

„Wieso soll ausgerechnet der Zöllner ein besserer Mensch sein. Ich könnte vieles von diesen Gottesverächtern erzählen, wie gemein sie im Schutz der Legionäre zu uns sind."

„Und was nützt es, wenn so einer einmal in den Tempel geht. Ich gehe jeden Tag."

„Ihr könnt sagen, was ihr wollt, mir hat die Geschichte vom Pharisäer und Zöllner zu denken gegeben. Wir erleben ja gerade jetzt wieder, wie schnell man andere verurteilt."

„Und ich stimme dir zu. Man sollte grundsätzlich nicht schlecht über andere reden, wenn sie nichts erwidern können, weil sie nicht zugegen sind."

„Richtig! Und Gott liebt jeden, auch die, über die wir Schlechtes zu sagen wissen."

„Aber doch nicht die, die sich nicht an unsere Gesetze halten!"

„Richtig! Denn sonst brauchten auch wir uns nicht an die Gesetze zu halten."

„Mag sein, aber wir können Gott keine Vorschriften machen. Er liebt, wen er will."

33. Reiche Arme, arme Reiche
Jesus segnet die Kinder. Das Gleichnis vom Nadelöhr

Jesus hatte ein Herz für Kinder: Mütter spürten das und brachten ihre Kinder zu ihm. Er umarmte sie herzlich, legte ihnen die Hände auf und segnete sie. Es kam auch vor, dass ein Kind seine Mutter zu Jesus zog. Kinder fühlten sich von Jesus angezogen. Sie hatten einen leichten Zugang zu Gott.

„Menschen wie ihnen gehört das Himmelreich", meinte Jesus zu seinen Jüngern. „Erwachsene stehen sich mit ihrem Stolz oft selbst im Weg."

Kaum hatte sich eine Schar Kinder mit ihren Müttern von Jesus verabschiedet, kam ein reich gekleideter Mann zu Jesus.

„Guter Meister", sprach er Jesus an, „was muss ich tun, um das ewige Leben zu gewinnen?"

„Was fragst du mich nach dem Guten? Nur einer ist der Gute. Wenn du aber das Leben erlangen willst, halte die Gebote."

„Alle Gebote habe ich befolgt. Was fehlt mir jetzt noch?"

Jesus empfand Sympathie für diesen Mann. Er schaute ihn an und hätte ihn gerne als Jünger gewonnen. Aber in seinen Augen entdeckte er einen gewissen Stolz, der ihn für Kinder, Hilfsbedürftige und Bemitleidenswerte unnahbar machte. Es war der Stolz auf seinen Reichtum. Nicht er besaß den Reichtum, der Reichtum beherrschte ihn.

„Wenn du vollkommen sein willst", sagte Jesus, „geh, verkauf deinen Besitz und gib das Geld den Armen; so wirst du einen bleibenden Schatz im Himmel haben; dann komm und folge mir nach."

Jesus wollte die Mauer wegräumen, die den Reichen von dem ewigen Leben trennte. Aber lieber verzichtete der Reiche auf das Himmelreich als auf seinen Besitz. Er ging traurig weg.

Einer der Jünger fragte den Herrn:

„Macht Reichtum Menschen so abhängig, dass sie nicht darauf verzichten können?"

„Das muss nicht sein. In den Psalmen heißt es: ‚Unsere Tage zu zählen, lehre uns. Dann gewinnen wir ein weises Herz.' Mit viel irdischem Besitz in die Ewigkeit zu kommen, ist zu vergleichen mit einem voll bepackten Kamel, das sich durch das schmale Nebentor, das Nadelöhrtor, zwängt. Sein Gepäck muss erst abgeladen werden."

„Ja, wer kann denn dann selig werden?", fragte einer.

Jesus schaute seine Jünger an: „Für Menschen ist das unmöglich, für Gott aber ist alles möglich."

Darüber dachten die Jünger längere Zeit nach. Schließlich meinten sie, Jesus verstanden zu haben: „Gott ist nicht an Gesetze von Menschen, nicht einmal an seine Gebote gebunden. Er ist Herr. In seiner Freiheit handelt er gnädig und barmherzig. Was wie Strafe aussieht, kann, langfristig gesehen, eine Heimsuchung sein, auch eine Bewahrung vor größerem Übel."

Trotzdem quälte den Petrus die Frage: „Du weißt, wir haben alles verlassen und sind dir nachgefolgt. Was werden wir dafür bekommen?"

„‚Jeder wird das Hundertfache erhalten und das ewige Leben gewinnen.' – Ist euch das mehr wert als der Himmel auf Erden, erlebt ihr eine goldene Freiheit."

„Willst du damit sagen: Reichtum beschwert, Armut erleichtert?"

„Auch das muss nicht sein, sondern mit Gott gehst du leichtfüßiger durchs Leben, als mit vielem angeblich Unentbehrlichem behangen. Lebst du mit Gott, macht er dich reich bei aller Armut. Du hast dann immer noch so viel, dass du davon anderen abgeben kannst."

34. Der barmherzige Vater
Das Gleichnis vom verlorenen Sohn

Gegen Jesu Kinderliebe konnten die gesetzesstrengen Pharisäer und Schriftgelehrten nichts einwenden. Aber dass sich Jesus mit den Zöllnern und Sündern abgab und mit ihnen aß, darüber empörten sie sich: „Warum sitzt du mit ihnen sogar zu Tisch?"

Jesus appellierte an ihr Gewissen: „Wenn einer von euch hundert Schafe hat und eines davon verliert …, geht er dann nicht dem verlorenen nach, bis er es findet? – Ebenso herrscht auch bei den Engeln Gottes Freude über einen einzigen Sünder, der umkehrt."

Die Pharisäer und Schriftgelehrten fühlten sich weder als verlorene Schafe, noch waren sie bereit, sich um Zöllner und Sünder wie um verlorene Schafe zu bemühen. Jesus wollte ihnen sagen: Ihr Frommen macht euch genauso wie die Zöllner und Sünder schuldig. Gott aber vergibt den einen wie den anderen. Dazu erzählte er eine Geschichte:

„Ein Vater hatte zwei Söhne. Der eine hatte sich sein Erbteil auszahlen lassen, war grußlos fortgegangen, hatte sein Erbe verprasst und alles missachtet, was seinem Vater lieb und wert war. Endlich sah er seine Schuld ein. Er bereute, was er getan hatte, und kehrte zu seinem Vater zurück. Jahrelang hatte der Vater in Liebe nach ihm ausgeschaut. Schon bevor der Sohn seinen Vater um Vergebung bitten konnte, hatte der Vater ihn, so ungepflegt, wie er war, in seine Arme genommen und geküsst. Weder fragte er ihn, ob er seinen Weggang von daheim, die Vergeudung seines Erbteils und sein Leben bereut, noch ob er sich inzwischen geändert hat. Er kam ihm mit Güte zuvor. Er setzte ihn mit einem Vorschuss an Vertrauen in seine alten Rechte wieder ein.

Bevor der heimgekehrte Sohn an der Festtafel Platz nahm, hätte er zu seinen Bruder aufs Feld gehen können. Er hätte ihm sagen können, dass der Vater ihm verziehen und ihn wiederaufgenommen hat. Er hätte sich bei seinem Bruder entschuldigen können. Denn sicher hatte er, bevor er weggegangen war, seinen Bruder ebenso unfreundlich behandelt wie den Vater. Er tat es nicht. Von der Güte seines Vaters war er noch weit entfernt.

Der daheim gebliebene Sohn aber war genauso ein verlorener. Er vergab seinem Bruder nicht wie sein Vater und nahm seinen Bruder nicht wieder auf. Vielmehr wurde er zornig, als er hörte, sein Bruder sei wieder in die alten Rechte eingesetzt worden, die er nun mit ihm teilen musste. In ihm sträubte sich alles, die Heimkehr seines Bruders sogar noch zu feiern. Wieder war es der barmherzige Vater, der zu ihm ging und ihn hereinbat. Dem Vater aber warf er noch vor, ihm seine Treue und seinen Gehorsam noch nicht einmal mit einem geschlachteten Ziegenbock für ihn und seine Freunde belohnt zu haben.

‚Mein Kind‘, antwortete der Vater. Diese Anrede allein hätte schon genügt, um ihm die Liebe und Güte seines Vaters klar zu machen. Doch der Vater fügte noch hinzu: ‚Du bist immer bei mir, und alles, was mein ist, ist auch dein.‘"

Kaum hatte Jesus seine Geschichte beendet, steckten die Pharisäer und Schriftgelehrten – sie waren vom Hohenpriester geschickt – die Köpfe zusammen:

„Habt ihr den Widerspruch gemerkt? Zu dem älteren Sohn

sagt der Vater: ‚Alles, was mein ist, ist auch dein‘. Er hätte
ihm sagen müssen ‚zur Hälfte dein‘. Denn dem Jüngeren hatte er vorher als Miteigentümer wieder eingesetzt.“
„Wer sein Erbteil veruntreut, dem steht kein Anteil am Rest-
vermögen zu.“
„Ja, der Vater hat kein Recht, das verbliebene Vermögen neu
unter seine Söhne zu teilen.“
„Stimmt! Der ältere Sohn könnte den ursprünglich ihm zu-
stehenden Erbteil einklagen.“
Die Rechtsgelehrten fanden immer mehr Argumente gegen
die Geschichte. Einer meinte:
„Geprüft werden müsste überhaupt erst einmal, wie weit der
jüngere Sohn straffällig geworden ist.“
„Und der Vater macht sich schuldig, wenn er den jüngeren
Sohn in Schutz nimmt.“
„Ja, er darf keinen vielleicht sogar straffällig Gewordenen
als Mitarbeitgeber einsetzen.“
„Darf er überhaupt ohne Notar sein Vermögen teilen und
dann nochmals aufteilen?“ –
Jesus hatte die Diskussion der Gesetzeslehrer angehört. –
Traurig schaute er den Kreis der Rechtskundigen an: „Gott
lässt Gnade vor Recht ergehen. Wenn er an euch so handelt,
könnt ihr nicht genauso an anderen handeln?“

35. Nicht von dieser Welt
Die Verklärung Jesu

Zweimal schon hatte Jesus den Jüngern sein bevorstehendes Leiden, Sterben und Auferstehen angekündigt. Jedesmal
war er auf Unverständnis und Befremden gestoßen. Darum
nahm er Petrus, Johannes und Jakobus beiseite und ging mit

ihnen auf einen hohen Berg. Als er mit ihnen auf dem Berg war, wurde er vor ihren Augen verwandelt; sein Gesicht leuchtete ganz hell, und auch seine Kleider strahlten blendend weiß. Da erschienen plötzlich vor ihren Augen Mose und Elija und redeten mit Jesus. Die drei Jünger gewannen, jenseits von Zeit und Raum, Einblick in die Gotteswelt. Obwohl zeit- und erdgebunden, erlebten sie Moses und Elija, die zu verschiedenen Zeiten gelebt hatten, zeitgleich. Durch ihr Herausgehobensein aus Zeit und Raum erkannten sie die beiden, obwohl sie ihnen nie begegnet waren. Sie hörten nicht, was Jesus mit den Gottesmännern des alten Bundes besprach.

Noch unbegreiflicher war für sie, dass sie Jesus in diesem Augenblick in seiner Gott-Natur sehen konnten. Dass er als Mensch in einer immerwährenden Gottesschau und im Gebet lebte, war für sie schon schwer zu verstehen. Aber dass er als Mensch unsichtbar seine Gott-Natur behielt, in die er auf dem Berg verklärt wurde, war für sie kaum zu fassen. Das erklärte aber seine göttliche Heilkraft, seine Überlegenheit in Streitgesprächen mit Pharisäern und Schriftgelehrten, seine Barmherzigkeit und seine Vorausschau auf das, was kommen würde, auch, dass er allen Versuchungen widerstand.

Petrus fand als erster die Sprache wieder: „Wenn du willst, werde ich hier drei Hütten bauen, eine für dich, eine für Mose und eine für Elija."

Er fand das Offenbarwerden der Gott-Natur Jesu so herausragend, dass er sie am liebsten gleich geerdet hätte. Er dachte nicht daran, dass sie alle Mauern sprengte. Er erkannte nicht, dass Menschen, wenn auch in frommer Ehrfurcht, aus den Hütten Kapellen, aus den Kapellen Kirchen, aus den Kirchen Kathedralen gemacht hätten. Er konnte auch nicht wissen, dass selbst Gotteshäuser zu einer Versuchung werden können, wenn ihre Bauherren mit der Größe, Pracht und Kunst dieser Gebäude sich vor anderen hervortun wollen.

Der mächtigste, reichste und kunstverständigste Bauherr steht nicht unbedingt Gott am nächsten.

Eine lichte Wolke überkam sie. Aus ihr war eine Stimme zu hören: „Dies ist mein geliebter Sohn, an dem ich Gefallen habe, auf ihn sollt ihr hören."

Die Jünger erschraken zu Tode. Sie warfen sich zu Boden. Kaum war die Stimme verklungen, hörten sie die vertraute Stimme Jesu: „Steht auf, habt keine Angst!"

Aus der grenzenlosen Weite der Gottesnähe waren sie in die Enge ihres irdischen Daseins zurückgekehrt. Nur vorübergehend hatten sie in eine Welt gesehen, die ihnen sonst verborgen blieb. Aber sie wussten nun, dass es sie gibt.

Als Jesus mit ihnen den Berg hinabstieg, gebot er ihnen, seine Gott-Natur erst nach seiner Auferstehung den anderen zu bezeugen und deren Glauben damit zu stärken. Dieses Wort beschäftigte sie, und sie fragten einander, was das sei: von den Toten auferstehen.

IV. HINAUF NACH JERUSALEM

36. Kein Marsch auf Jerusalem
Die Heilung des blinden Bartimäus in Jericho

Endlich kam der Tag des Aufbruchs. Was Jesus sagte, klang den Jüngern wie Fanfaren zum königlichen Einzug: „Wir gehen jetzt nach Jerusalem hinauf."

Was er danach sagte, hörten sie schon nicht mehr, dabei hätte es ihnen sehr zu denken geben können: „Der Menschensohn wird ausgeliefert, verspottet, misshandelt, angespuckt, gegeißelt, getötet werden und am dritten Tag auferstehen."

Das war jetzt schon die dritte Ankündigung seines Leidens und Sterbens und seiner Auferstehung. Aber dass sie „hinaufgehen" würden, was geografisch für den Aufstieg von Jericho nach Jerusalem zutraf, klang für sie wie ein „Aufwärts zur Macht".

„Dort wird sich alles erfüllen, was bei den Propheten über den Menschensohn steht."

Auch diesen Satz verstanden sie so, wie sie ihn verstehen wollten. Sie dachten an solche Messiasweissagungen, die vom Königtum des „Sohnes Davids" sprachen. Die Prophezeiungen von seinem stellvertretenden Leiden und Sterben klammerten sie aus. Sie träumten sich einen übermächtigen Messias, der ein Reich wie das König Davids aufbauen würde.

Etwa acht Tage dauerte die Wanderung von Kafarnaum durch den Jordangraben und dann von Jericho, 250 Meter unter dem Meeresspiegel, nach Jerusalem, 800 Meter über dem Meeresspiegel. Eine große Jüngerschar ging mit ihnen, darunter auch viele Frauen. Auf dem Weg nach Jericho verhandelten sie schon, wer welchen Posten bekommen würde. Die Mutter der beiden Brüder Jakobus und Johannes war vor Jesus niedergefallen und hatte ihn gebeten: „Versprich, dass meine beiden Söhne rechts und links neben dir sitzen dürfen."

Die anderen ärgerten sich über die beiden. Denn sie hatten selber schon ihre Sitzwahl getroffen. Jesus ermahnte seine Jünger: „Wer unter euch der Größte sein will, soll euer aller Diener sein."

Es gehe nicht um Anteile an einer Weltherrschaft, sondern um einen selbstaufopfernden Dienst. Wie sollte er seine Freunde von dem Wahn befreien, er wolle in Jerusalem die Macht ergreifen? Da fügte Gott es so, dass bei Jericho der blinde Bettler Bartimäus am Straßenrand saß. Er hörte die vielen Schritte und erkundigte sich, was da vor sich ginge. Man sagte ihm, Jesus sei mit seinen Jüngern unterwegs nach Jerusalem. Da rief er, so laut er konnte:

„Jesus, du Sohn Davids, erbarm dich meiner!"

Auch er glaubte, dass Jesus der Messias war, aber kein Weltherrscher. Er wollte keinen Regierungssitz rechts oder links von Jesus.

Die vorausgingen, verwechselten Jesu Gang nach Jerusalem mit einem Marsch auf Jerusalem. Deshalb wurden sie ärgerlich und befahlen dem Bartimäus zu schweigen: „Sei still! Wir sind zu Größerem unterwegs als zu einer Blindenheilung. Sobald Jesus König geworden ist, wird alles besser. Aber jetzt sei still! Halte uns nicht auf!"

Die allen vorangingen, wollten beim Einmarsch in Jerusalem gesehen werden. Dann wollten sie schreien: „Nieder mit den Römern! Heil unserem Befreier Jesus. Er ist unser König und Herr!" Als Verblendete waren sie noch blinder als der blinde Bartimäus und wussten es nicht. Zum Glück ließ sich Bartimäus nicht den Mund verbieten. Er schrie noch lauter:

„Du Sohn Davids, erbarme dich meiner!"

Jesus blieb stehen. Für diesen armen Menschen am Rand des Geschehens nahm er sich Zeit. Die voraus gingen, mussten zurückkommen. Jesus fragte den Blinden, was er wolle, als wüsste er es nicht. Aber er dachte zugleich an die Verblendeten, die zuschauten. Auch ihnen wollte er helfen. Sie sollten wissen, dass er für die Hilfs- und Erlösungsbedürftigen gekommen war. Das sollte sie von dem Wahn befreien, es gehe um einen machtvollen Gottesstaat auf Erden.

Bartimäus wurde sehend und reihte sich in das Gefolge Jesu ein. Als sich die Menge wieder in Bewegung setzte, sang er ein Loblied nach dem anderen. Und tatsächlich sangen alle mit! Auch die Verblendeten waren kuriert. Sie hatten eingesehen: „Jesus, unser Herr, bringt Heil. Er hilft den Schwachen und Elenden! Auch uns hat er geholfen. Gott sei Dank!" Sie erinnerten sich an Jesu Wort: „Dies habe ich euch gesagt, damit ihr in mir Frieden habt. In der Welt seid ihr in Bedrängnis, aber habt Mut: Ich habe die Welt besiegt."

37. Das letzte Wunder
Die Auferweckung des Lazarus

Jesus und seine Jünger waren noch unterwegs nach Jerusalem, da überbrachte ihnen ein Bote von Maria und Marta aus Betanien die Nachricht, ihr Bruder Lazarus sei krank. Jesus sagte zu seinen Jüngern: „Diese Krankheit wird nicht zum Tod führen … Durch sie soll der Sohn Gottes verherrlicht werden."

Die Jünger verstanden nicht, was Jesus meinte. Sie glaubten, Lazarus schlafe:

„Wenn er schläft, sollte man ihn nicht wecken!"

Jesus aber dachte an Auferwecken. Er wollte ihnen vor seinem Heimgang ein letztes Mal zeigen, dass er der Herr über Tod und Leben war und deswegen auch er nicht im Tod bleiben, sondern auferstehen würde. Aber dieser Gedanke war ihnen so fremd wie schon dem Petrus, Johannes und Jakobus bei der Verklärung auf dem hohen Berg. Kaum hatten sie Jesu Gott-Natur erfahren, hatten sie auf dem Weg zurück gerätselt, was das sei: „von den Toten auferstehen". Weil sie Jesus nicht verstanden, sagte er ihnen offen: „Lazarus ist gestorben. Und ich freue mich für euch, dass ich nicht dort war; denn ich will, dass ihr glaubt."

Glauben sollten sie, dass Jesu Sieg über den letzten Feind, den Tod, schon lange vor der Zeit feststand und er auferstehen würde.

Kurz vor Betanien kam ihnen Marta entgegen: „Herr, Lazarus ist tot. Wärst du, Herr, hier gewesen, dann wäre mein Bruder nicht gestorben. Aber auch jetzt weiß ich: Alles, worum du Gott bittest, wird Gott dir geben."

„Dein Bruder wird auferstehen."

„Ich weiß, bei der Auferstehung am Letzten Tag."

„Ich bin die Auferstehung und das Leben. Wer an mich glaubt, wird leben, auch wenn er stirbt, und jeder, der lebt und an mich glaubt, wird auf ewig nicht sterben. Glaubst du das?"

„Ja, Herr, ich glaube, dass du der Messias bist, der Sohn Gottes, der in die Welt kommen soll."

Da kam auch Maria und klagte ihm dasselbe. Als Jesus sie und die Klageweiber weinen sah, wurde er betrübt. Wie oft hatte er die Vorfreude auf das ewige Leben gepredigt. Aber selbst seinen Jüngern fiel es schwer, die Trauer zu überwinden.

An der Grabeshöhle angekommen, betete Jesus laut. Alle sollten es hören, dass er Macht über den Tod hat. Dann rief er zur Grabeshöhle:

„Lazarus, komm heraus!"

Lazarus kam, wie man ihn bandagiert hatte, aus der Grabeshöhle.

Das war Jesu letztes Wunder. Viele glaubten an ihn. Die Nachricht von der Auferweckung des Lazarus und dass viele aufgrund dieses Wunders an Jesus glaubten, verbreitete sich bis nach Jerusalem. Der Hohe Rat trat zusammen: „Was ist zu tun? Dieser Jesus tut viele Zeichen und gewinnt immer mehr Anhänger!"

Die Auferweckung selber bewegte die Ratsmitglieder weniger, aber dass viele dadurch in die Nachfolge Jesu eintraten, beunruhigte sie: „Lassen wir ihn gewähren, werden am Ende alle an ihn glauben."

„Ja, dann nehmen uns die Römer die heilige Stätte und das Volk."

Weil Kajaphas in jenem Jahr den Vorsitz hatte, weissagte er: „Es ist besser für euch, wenn ein einziger Mensch für das Volk stirbt, als wenn das ganze Volk zugrunde geht."

So wurde beschlossen, Jesus zu verklagen und ihn dem römischen Statthalter zur Verurteilung zu übergeben. Klugerweise ließen sie sich mit der Ausführung ihres Beschlusses Zeit. Sie nahmen darauf Rücksicht, dass Jesus bei dem Volk sehr beliebt war. –

Aus allen Landesteilen und aus dem Ausland strömten viele zum Paschafest nach Jerusalem. Die Stadt beherbergte dreimal so viele Menschen, wie in ihr wohnten. Jeder spürte: Der Höhepunkt in der Auseinandersetzung mit Jesus nahte.

38. Mit dem Fohlen einer Eselin
Der Einzug Jesu in Jerusalem

Freunde teilten Jesus vertraulich mit, dass der Hohe Rat plane, ihn zu ergreifen und bei Pilatus vor Gericht zu stellen. Für viele im Volk war Jesus der Hoffnungsträger Israels. Diese Hoffnung hatte sich nach der Auferweckung des Lazarus noch verstärkt: Der Hohepriester wusste das. Ihm war klar, dass er nur mit List Jesus in sein Gewahrsam bekommen konnte. Es durfte auf keinen Fall zu einem Tumult im Volk kommen. Die Legionäre würden sofort eingreifen. An den Festtagen hatte es in der Vergangenheit wiederholt Tumulte gegeben. Die Römer waren darauf vorbereitet. Sie hatten, wie jedes Jahr, von der Garnison in Caesarea am Meer Verstärkung kommen lassen. Die Legionäre zögerten nicht und gingen hart vor, wenn sie eingriffen.

Jesus wiederum wusste, dass das Volk ihm nicht helfen konnte. Sein Weg ans Kreuz war vorgezeichnet. Aber er wollte nicht als Aufrührer, sondern als der geweissagte Messias sterben. Darum wollte er in Erfüllung der Weissagung des Propheten Sacharja auf einem Esel in Jerusalem einziehen:

„Siehe, dein König kommt zu dir. Er ist friedfertig, und er reitet auf einer Eselin, auf einem Fohlen, dem Jungen eines Lasttiers."

Zwei seiner Jünger schickte er in das nahe gelegene Dorf Betfage. Sie sollten eine Eselin und ihr Junges losbinden und ihm bringen. Würden sie gefragt werden, sollten sie sagen: „Der Herr braucht sie, er lässt sie aber bald zurückbringen." Diese Antwort war ein Erkennungszeichen. Sie war vorher abgesprochen worden. Die beiden Jünger gingen und holten die Eselin und das Fohlen.

Sie legten einen Mantel auf das Fohlen. Jesus setzte sich darauf. Der Zug setzte sich in Richtung Ölberg in Bewegung. Viele brachen Zweige von den Palmen und gingen Jesus entgegen. Ein Palmzweig symbolisierte Sieg und Frieden. Zugleich war er das Wahrzeichen für Israel. Auf Münzen fand man den Palmzweig oft abgebildet. Als Jesus den Ölberg hinabritt, erscholl der Messiasgruß:

„Hosanna dem Sohn Davids! Gesegnet sei er, der kommt im Namen des Herrn. Hosanna in der Höh!"

Wer die Prophezeiung nicht kannte, überlegte, warum Jesus nicht auf einem Pferd, sondern auf dem Transporttier armer Leute geritten kam. Wollte er Gewaltlosigkeit und Friedfertigkeit vorleben?

Die Römer beäugten diesen Aufzug argwöhnisch, aber sie hielten sich zurück:

„Seltsam, ein Unbewaffneter auf einem jungen Esel, gefolgt von Männern und Frauen ohne Waffen! Aber was ist mit der Menge? Warum jubelt sie ihm zu?"

In den Schriften der Juden kannten sich die Römer nicht aus. Sie schauten verächtlich auf die Religion dieses Volkes. Sie respektierten nur die Religionen von den Völkern, deren Götterstandbilder in ihrem Pantheon neben dem ihres Kaisers standen. Noch wichtiger war für sie, dass ihr erhabener Kaiser verehrt und ihm geopfert wurde. Erst recht auf den Gruß „Gesegnet sei der König, der kommt im Namen des Herrn. Im Himmel Friede und Herrlichkeit in der Höhe!" konnten sie sich keinen Reim machen. Dem König Herodes Antipas galt dieser Ruf nicht. Der war nicht zu sehen. Der wäre sicher so nicht bejubelt worden.

„Sollen wir die Menge auseinandertreiben, den Mann vom Esel holen?", fragte ein Centurio den Kommandanten.

Der schaute auf den Festzug und die Menge: „Nein. Das hier hat etwas mit Religion zu tun. Sollte der Funke allerdings auf revolutionär Gesinnte überspringen, müssen wir eingreifen. Wir beobachten das noch eine Zeit lang."

Einige Pharisäer forderten von den Römern: „Nun tut doch endlich was! Greift ein!"

Sie lachten: „Warum sollten wir? Welcher König oder welcher Umstürzler reitet unbewaffnet auf einem Esel zur Thronbesteigung?"

Daraufhin wandten sich die Pharisäer an Jesus: „Meister, bring deine Jünger zum Schweigen!"

„Wenn diese schweigen, werden die Steine schreien", erwiderte Jesus.

Grimmig meinte ein Pharisäer: „Das Volk ist verblendet. Ein dummes, gottloses Volk. Sie kennen die Gesetze nicht. Die Propheten verstehen sie so, wie es ihnen recht ist."

Wie ein ins Wasser geworfener Stein Kreise zieht, so verbreitete sich die Kunde von Jesu Einzug in Jerusalem: „Habt ihr schon gehört: Genau wie Sacharja den Heilbringer Israels prophezeit hat, so ist Jesus in Jerusalem eingezogen."

Aufgeregt sprachen die Menschen auf den Gassen und Plätzen miteinander: „Wir sollten den Zeloten und anderen Untergrundkämpfern sagen, sie sollen sich bereithalten. Die könnten bei einer Machtergreifung gebraucht werden."

Andere erwiderten: „Jesus und seine Jünger tragen keine Waffen. Sie machen einen friedlichen Eindruck."

„Ist er aber der Messias, stehen ihm himmlische Heerscharen zur Seite. Elija konnte Feuer vom Himmel regnen lassen. Bei Gott sind alle Dinge möglich."

„Auf jeden Fall passiert noch was. Man spürt die Spannung in der Luft."

Jesus und die Jünger brachten sich vor Eintritt der Dunkelheit außerhalb der Stadt in Sicherheit. Tagsüber im Tempel fühlten sie sich inmitten der Pilger geschützt.

39. Eine Räuberhöhle
Die Tempelreinigung

Schon früh am nächsten Tag füllte sich der Tempel mit Besuchern: „Ich bin gespannt, ob Jesus, der Nazarener, heute kommt."

„Bestimmt! Gestern wurde er als Messias empfangen. Er hat die prophetische Weissagung Sacharjas wahr gemacht: Nicht hoch zu Ross, sondern auf dem Fohlen einer Eselin ist er in Jerusalem eingezogen. Die Römer haben dumm geguckt. Die Pharisäer haben auf Jesus eingeredet. Aber er hat sich nicht davon abbringen lassen."

„Da ist er schon! Ah, das ist interessant! Was macht er da?"

„Er bindet eine Geißel aus Stricken. Bestimmt schlägt er gleich los."

„Ja, guck nur! Er treibt die Taubenhändler, auch die Schafe und Rinder aus dem Tempel."

„Endlich mal einer, der zupackt! So konnte es ja nicht weitergehen."

„Jetzt stößt er die Tische der Geldwechsler um. Das haben die verdient."

„Seltsam! – Keiner wehrt sich! Sie lassen sich das gefallen. Warum?"

„Ja, das ist erstaunlich. Gegen ihn könnten sie angehen. Er ist allein."

„Auch die Tempelwache greift nicht ein. Dort steht sie und schaut zu."

„Ob auch unsere Oberen ihn für den Messias halten?"

„Dort hinten steht der Hohepriester. Auch der guckt zu."

„Ja, endlich räumt mal einer auf mit dem Krämergeist."

„Guck, dort an der Brüstung der Antoniafestung, die Legionäre. Auch die unternehmen nichts."

„Denen kann es nur recht sein, wenn wir uns streiten."

„Wo sind eigentlich seine Jünger?"

„Hier in unserer Nähe stehen sie und gucken zu, genauso wie wir."

„Eben hörte ich einen sagen: Der Eifer für sein Haus verzehrt ihn."

„Seid mal still! Jesus ruft gerade etwas." –

„Mein Haus soll ein Haus des Gebets sein. Ihr aber macht daraus eine Räuberhöhle!", war Jesus in ungewohnt zornigem Ton zu hören.

„Habe ich das richtig verstanden: Hat er ‚mein Haus' gesagt?"

„Ja, ‚Mein Haus soll ein Gebetshaus sein' hat er gesagt."

„Dann ist er der Messias. ‚Mein Haus' darf nur er sagen."

„Hört, die Kinder jubeln ihm zu: Hosanna, dem Sohn Davids!"

„Lässt du dir den Messiasgruß gefallen?", drängten die Pharisäer auf Jesus ein.

„Aus dem Mund der Kinder und Säuglinge schaffst du dir Lob. Habt ihr den Satz nie gelesen?"

„Jetzt verlässt Jesus den Tempel. Die Jünger folgen ihm."

„Am Ausgang beugt er sich zu einem Bettler."

„Wenn es ein Behinderter war, hat er ihn bestimmt geheilt." Eine Frau zu ihrer Nachbarin: „Jerusalem trägt das Wort Shalom/Salam für Frieden in seinem Namen. Aber diese Stadt ist alles andere als eine friedliche."

„Die Friedensstadt muss sich von Gott herabsenken. Menschen besitzen zu wenig Frieden."

„Trotzdem liebe ich diese Stadt. In der Abendsonne wirkt sie wie aus Gold gebaut."

Auch Jesus liebte sie und den Tempel. Als er am nächsten Morgen vom Ölberg auf sie herabschaute, weinte er: „Wenn doch auch du an diesem Tag erkannt hättest, was dir Frieden bringt! Jetzt aber bleibt es vor deinen Augen verborgen. Es wird eine Zeit für dich kommen, in der deine Feinde rings um dich einen Wall aufwerfen, dich einschließen und von allen

Seiten bedrängen … denn du hast die Zeit der Gnade nicht erkannt."

Traurig schauten auch die Jünger auf die Stadt. Auch sie liebten sie. Jesus ergänzte:

„Ich kann euch versichern: Gott hatte ganz andere Pläne für diese Stadt. Das wusste schon der Prophet Jeremia: ,Ich kenne meine Pläne, die ich für euch habe, Pläne des Heils und nicht des Unheils; denn ich will euch eine Zukunft und eine Hoffnung geben,' Aber den Menschen ließ er die Freiheit, sich nach ihrem Willen zu entscheiden."

40. Seelsorge bei Nacht
Das Gespräch Jesu mit Nikodemus

Es war finstere Nacht. Neumond. Ein Mann mit Umhang, die Kopfbedeckung tief ins Gesicht gezogen, schlich durch die Gassen, bis an die obere Mauer der Stadt. Dort betrat er ein Haus. Jesus hatte dort Unterschlupf gefunden. Nikodemus, ein Pharisäer und führender Mann im Hohen Rat, suchte ihn auf. Er verehrte ihn als den Messias. Er hätte sich in Gefahr gebracht, hätte er sich öffentlich zu Jesus bekannt. So oft er konnte, hatte er versteckt die Predigten Jesu angehört oder sich erzählen lassen, was Jesus gepredigt hatte. In den heiligen Schriften hatte er die Prophezeiungen auf den Messias nachgelesen und überlegt, ob sie auf Jesus zutreffen konnten. Fragen waren ihm gekommen. Er wollte sie Jesus vortragen.

„Rabbi, wir wissen, du bist ein Lehrer, der von Gott gekommen ist, denn niemand kann die Zeichen tun, die du tust, wenn nicht Gott mit ihm ist."

Meinte er mit dem „wir" alle im Hohen Rat oder machte er

sich zum Sprecher einiger? Jesus hatte eine Reihe geheimer Anhänger, die sich nicht zu erkennen gaben.

„Wenn jemand nicht von neuem geboren wird, kann er das Reich Gottes nicht sehen", antwortete Jesus.

Nikodemus empfand seinen Glauben an Gott als ein Geschenk und sich selbst wie neu geboren. Doch gerade diese Erkenntnis ließ ihn nicht los. Darum fragte er: „Wie kann ein Mensch, der schon alt ist, geboren werden? Er kann doch nicht in den Schoß seiner Mutter zurückkehren und ein zweites Mal geboren werden?"

„Was aus dem Fleisch geboren ist, das ist Fleisch; was aber aus dem Geist geboren ist, das ist Geist. Wer aus Wasser und Geist geboren wird, lebt nicht gefangen in dieser Welt, sondern darüber hinaus zu Gott in der Ewigkeit."

Das waren, wie Nikodemus nicht anders erwartet hatte, Worte des ewigen Lebens. Eine neue, eine befreiende Botschaft. Sie öffnete Türen zu neuen Räumen. Nikodemus atmete auf: „Also besteht doch Hoffnung für diese Welt."

Er bereute nicht, sich vor längerer Zeit für Jesus eingesetzt zu haben. Damals hatte der Hohe Rat Jesus in Abwesenheit verurteilt und den Gerichtsdienern befohlen, ihn zu verhaften. Sie waren ohne ihn zurückgekehrt und hatten erklärt, noch nie habe einer so gepredigt wie Jesus. Damals hatten die Pharisäer den Gerichtsdienern vorgeworfen: „Habt auch ihr euch in die Irre führen lassen? Schaut uns an! Ist etwa einer vom Hohen Rat oder den Pharisäern zum Glauben an ihn gekommen? Dieses Volk jedoch, das vom Gesetz nichts versteht, verflucht ist es." Nikodemus hatte Einspruch erhoben: „Verurteilt unser Gesetz einen Menschen, bevor man ihn verhört und festgestellt hat, was er tut?" Er hatte sich dafür den Spott gefallen lassen müssen: „Bist du vielleicht auch ein Galiläer? Lies doch nach: Der Prophet kommt nicht aus Galiläa." Nikodemus aber wusste, was seine Spötter nicht wussten, Jesus war in Betlehem geboren.

41. Geschickte Fangfragen
Die Ehebrecherin

In den Tagen nach Jesu Einzug in Jerusalem überschlugen sich die Ereignisse. Noch stand er in der Gunst des Volkes. Darauf musste der Hohepriester Rücksicht nehmen. Er konnte ihn nicht vor den Augen des Volkes festnehmen lassen. Er musste versuchen, das Volk auf seine Seite zu ziehen. Darum überlegten er und seine Helfer sich Fangfragen. Damit wollten sie ihn als Gesetzesübertreter bloßstellen. Die Gesetze schätzten sie als das Rückgrat des Volkes. Mit der vergebenden Liebe, die Jesus predigte, untergrub er die bestehende Ordnung.

Am frühen Morgen hörten schon viele einem der Schriftgelehrten auf dem Tempelplatz zu. Die meisten aber warteten auf Jesus. Als er erschien, versammelten sie sich um ihn. Jesus setzte sich und lehrte sie. Nach einiger Zeit erschienen Schriftgelehrte und Pharisäer. Sie drängten nach vorne und brachten eine Frau. Die stellten sie vor Jesus. Alle konnten sie sehen:

„Meister, diese Frau wurde beim Ehebruch auf frischer Tat ertappt. Das Gesetz schreibt vor, solche Übeltäter, Mann und Frau, zu steinigen. Was sagst du dazu?"

Verschämt schaute die Frau vor sich auf den Boden. Die Jünger standen vorn nahe bei den Pharisäern und Schriftgelehrten. Sie hörten, was diese einander sagten:

„Dieses Mal packen wir ihn. Sagt er ‚Steinigt sie doch!‘, widerspricht er seiner Botschaft von der vergebenden Liebe. Sagt er: ‚Vergebt ihr und lasst sie frei!‘, missachtet er das Gesetz."

„Ja, nach dem Gesetz müssen Ehebrecher und Ehebrecherin gesteinigt werden."

„Der Mann entkam, er hält sich irgendwo versteckt."

Einer der Jünger, der zugehört hatte, sagte zu einem anderen: „Ich merke schon, an dem Schicksal dieser Frau liegt ihnen nichts."

Der andere antwortete: „An einer hilfreichen Antwort unseres Herrn noch weniger."

„Ihn würden sie viel lieber als diese Frau steinigen."

Bei der Menge ringsum war die Meinung geteilt. Unruhig tuschelten die Leute:

„Man kann doch nicht alles durchgehen lassen."

„Da hast du recht. So weit darf es nicht kommen. Sonst geht alles drunter und drüber."

„Aber man kann doch eine Frau nicht einfach töten. Vielleicht hat sie Kinder."

„Dann hätte sie sich ihren Ehebruch vorher überlegen sollen."

„Soll sie denn keine Gelegenheit bekommen, zu ihrer Familie zurückzukehren?"

„Ich bin gespannt, was Jesus sagen wird."

Jesus beugte sich nieder und schrieb mit dem Finger auf die Erde. Die Pharisäer und Schriftgelehrten interessierten sich nicht dafür, was er schrieb. Sie waren stolz auf ihre ausgeklügelte Frage und bestanden auf einer Antwort.

Auf die Erde schreiben hätte so ausgelegt werden können: „Gesetze sind wie in den Sand geschrieben und schon bald vom Wind verweht, Gottes Liebe bleibt ewig bestehen." Mit seinem Schreiben ließ Jesus ihnen Zeit, sich ihre Frage nochmals zu überlegen. Sie nutzten sie nicht. Da richtete er sich auf.

„Wer von euch ohne Sünde ist, der werfe den ersten Stein auf sie."

Dann bückte er sich wieder und schrieb mit dem Finger auf die Erde.

Jesus hatte ihre Frage an sie zurückgegeben und dabei an ihr Gewissen appelliert. Er wäre der Einzige gewesen, der den ersten Stein hätte werfen dürfen. Aber er warf keine Steine auf Schuldige. Er wusste, er würde ihre Schuld mit ans Kreuz nehmen. Er würde für die Schuld der Ehebrecherin und für die Schuld aller sterben. Die Fragensteller räumten, von ihrem Gewissen überführt, einer nach dem anderen das Feld. Die Frau ließen sie vor Jesus stehen. Jesus richtete sich auf:

„Hat dich keiner verurteilt?"

„Keiner, Herr!"

„Auch ich verurteile dich nicht. Geh und sündige von jetzt an nicht mehr!"

Jesus fragte noch nicht einmal, ob sie ihre Tat bereute und ob sie den guten Vorsatz gefasst habe, in Zukunft ihrem Mann treu zu sein. Er schenkte ihr einen Neubeginn in ihrem Leben.

42. Nur Menschenworte
Die Heilung des Blindgeborenen

„War das ein Einzelfall mit der Ehebrecherin?", fragte einer der Jünger. „Stellst du mit deiner Vergebung ihrer Schuld nicht die Gültigkeit des Gesetzes in Frage?"

Ein anderer ergänzte: „Denn in der Bergpredigt hast du gesagt, du bist nicht gekommen, um das Gesetz und die Propheten aufzuheben, sondern um es zu erfüllen."

„Siehst du keine Schuld in dem Ehebruch, den sie begangen hat?"

„Die Vergebung der Schuld macht einen Ehebruch nicht ungeschehen. Es ist ein Vertrauensbruch, der gesetzliche Folgen haben kann. Meine vergebende Liebe macht die Schuld nicht zur Unschuld. Sie öffnet einen Weg, zu einer guten, heilsamen Ordnung zurückzukehren. Sie schenkt einen Neubeginn. Darum sollen sich Menschen ebenso einen Neubeginn schenken."

Indem sie weitergingen, gelangten sie zu einem Blinden, der um ein Almosen bat. Er war von Geburt an blind. Wieder stellte einer der Jünger eine Frage:

„Hat er oder haben seine Eltern gesündigt, dass er von Geburt an nicht sehen kann?"

„Weder er noch seine Eltern sind schuld, dass er blind geboren ist."

„Aber irgendeiner muss doch schuldig sein, dass er blind ist."

„Das sind Menschenworte. Auch dass man Blinde nicht berühren darf, weil man sich dadurch verunreinigt, ist ein Menschenwort. Blinde haben es schwer genug im Leben. Es belastet sie zusätzlich seelisch, wenn man ihnen oder ihren Eltern die Schuld für ihre Erblindung gibt."

„Was trifft denn für diesen Blinden zu, der von Geburt an blind ist?"

„Das Wirken Gottes soll an ihm offenbar werden … Es kommt die Nacht, in der niemand mehr etwas tun kann. Solange ich in der Welt bin, bin ich das Licht der Welt."

„Darum kannst du ihm das Augenlicht geben. Du als Licht der Welt erhellst seine Welt. Aber siehst du eine Welt voraus, in der es durch dein Licht zunehmend heller wird?"

„Wenn die Liebe zu Gott und dem Nächsten wächst, wird man auch Blinde anfassen, um sie zu führen oder ihnen zu helfen."

Dann spuckte Jesus auf die Erde, rührte mit dem Speichel einen Brei und strich ihn auf die Augenlider des Blinden:

„Und nun geh, wasch dich in dem Teich Schiloach!"

Auf dem Weg dorthin fragten ihn viele nach seinen verschmierten Augenlidern. Er erzählte ihnen, was er erlebt hatte. Dass viele von dem erfuhren, was Jesus getan hatte, war für die Gesetzeswächter wie eine Herausforderung. Ei-

nen Blinden zu berühren, was viele schon aus Angst vor an-
geblicher Ansteckung nicht taten, war nach den Reinheitsre-
geln verboten. Den kranken Körperteil durfte man erst recht
nicht antasten, ohne sich zu verunreinigen.

Die Gesetzeswächter kamen zu Jesus und fragten ihn, warum er den Blinden durch Berühren seiner Augen geheilt
und sich selbst dabei verunreinigt habe. Jesus hoffte, sie von
ihrer Voreingenommenheit zu heilen: „Nicht die Gesunden brauchen den Arzt, sondern die Kranken … Ich bin gekommen, um die Sünder zu rufen, nicht die Gerechten.‘ Hat
Blindheit einen sündhaften Grund, habe ich diese Sünde auf
mich genommen. Ich werde sie wegtragen, damit Menschen
auch an ihrer Seele gesunden.“

43. Ärger mit den Gesetzeswächtern
Die Heilung eines 38 Jahre lang Gelähmten am Betesdateich

Mit seinen Jüngern ging Jesus an einem Sabbat zum Betesda-Teich. Bei dem Gang durch die Säulenhallen fiel ihm ein
achtunddreißig Jahre lang Gelähmter auf. Er erkannte an
dessen Augen, den Fenstern der Seele: Der ist für Gottes
Heil empfänglich, es wird ihn zugleich leiblich wiederher-
stellen. Jesus fragte ihn: „Willst du gesund werden?“
„Ja, aber jedesmal, wenn das Wasser aufwallt und ich mich
zum Beckenrand schleppe, steigt ein anderer vor mir ins
Wasser.“
„Steh auf! Nimm deine Trage und geh!“
Er hatte Jesus in die Augen geschaut. In diesem Blick waren
sich beide im gegenseitigen Vertrauen begegnet. Der Ge-
lähmte tat, was Jesus sagte. Bedanken konnte er sich nicht.
Jesus war schon in der Menschenmenge verschwunden. Mit

seiner Trage kam der Geheilte an einer Gruppe von Gesetzeswächtern vorbei. Sie empörten sich:

„Was fällt dir ein, am Sabbat etwas zu tragen!"

Er ging weiter.

Einer rief ihm nach: „Welcher Sabbatschänder hat dir das erlaubt?"

Er drehte sich um: „Der mich geheilt hat. Ich war achtunddreißig Jahre gelähmt."

„Wer war das?"

Das Wunder beeindruckte sie nicht, nur der Verstoß gegen das Sabbatgebot.

„Als ich mich erhob, war er in der Menge verschwunden."

„Erkundige dich und nenne uns seinen Namen!"

Während er weiterging, meinte einer der Männer: „Diesen Sabbat können wir auch wieder abschreiben. Und bestimmt geht dieser Mensch heute mehr als tausend Schritte. Damit wird auch er zu einem Sabbatschänder."

„Die Gesetze müssen strenger gefasst werden. Es muss gelingen, dass sie wenigstens an einem einzigen Sabbat gehalten werden. Sonst kommt der Messias nie und nimmer."

Der Geheilte stellte seine Trage zu Hause ab und eilte zum Tempel. Er zeigte sich den Priestern. Sie beurteilten ihn als gesund, damit zugleich als kultisch rein. Er durfte wieder an den Gottesdiensten und am öffentlichen Leben teilnehmen. Im Tempel begegnete er Jesus. Er dankte ihm und lobte Gott aus tiefstem Herzen. Zu gerne wäre er ein Jünger Jesu geworden. Doch Jesus ermahnte ihn, sich von Vergehen gegen Gottes Gebote fernzuhalten. Er sah, dass er noch anfällig für Versuchungen war. Unbekümmert ging er danach zu den Gesetzeswächtern und sagte ihnen, Jesus habe ihn geheilt.

Sie stellten Jesus wegen der Übertretung des Sabbatgesetzes zur Rede. Das geschah nicht zum ersten Mal. Jesus hatte ihnen schon früher erklärt. „Wer von euch wird seinen Sohn oder seinen Ochsen, der in den Brunnen fällt, nicht sofort herauszichen, auch am Sabbat?" Es hatte nicht geholfen. Auch diesmal kam er mit ihnen nicht überein.

44. Steuern für den Kaiser
Der Zinsgroschen

Die Zeit vor der Verhaftung Jesu war wie ein Kesseltreiben. Immer neue Fangfragen fielen seinen Gegnern ein. Aber jedesmal stolperten sie über ihre für Jesus ausgelegte „Schlinge". Das Volk empfand es als eine Genugtuung, wenn Jesus sich seinen Gegnern überlegen zeigte. Dieses Mal wollten sie ihn in einen Konflikt mit den Gesetzen des Statthalters verwickeln. Darum machten sie gemeinsame Sache mit dessen Leuten. Sie schickten Spitzel zu Jesus, die sich als fromm verstellten. Sie wollten ihn bei einer unüberlegten Antwort ertappen. Einige waren Pharisäer, andere Anhänger des Herodes Antipas:
„Meister", sagte einer mit üertriebener Freundlichkeit, „wir wissen, dass du immer die Wahrheit sagst und wirklich den Weg Gottes lehrst, ohne auf jemand Rücksicht zu nehmen; denn du siehst nicht auf die Person. Sag uns also: Ist es nach deiner Meinung erlaubt, dem Kaiser Steuern zu zahlen oder nicht?"
Gespannt wartete er, was Jesus antworten würde. Die Steuerfrage berührte einen empfindlichen Punkt. Jesus stellte zunächst den Spitzel bloß: „Ihr Heuchler, warum stellt ihr mir eine Falle?" Dann forderte er die Menschen auf: „Zeigt mir die Münze, mit der ihr eure Steuern bezahlt!"
Der Fragesteller holte einen Denar aus seiner Tasche und hielt ihn bedenkenlos hin. Er bemerkte seinen Fehler nicht. Moses hatte geboten: „Du sollst dir kein Gottesbild machen

und keine Darstellung von irgendetwas am Himmel droben, auf der Erde unten oder im Wasser oder unter der Erde. Du sollst dich nicht vor anderen Göttern niederwerfen und dich nicht verpflichten, ihnen zu dienen." Er aber trug das Bild des Kaisers bei sich, nahm es sogar in die Hand und hielt es Jesus hin. Er verunreinigte sich mit dem „Anzubetenden", wie er auf der Münze genannt wurde.

Nochmals bot ihm Jesus eine Gelegenheit, sich aus ihrer Schlinge zu ziehen. Er fragte, als wüsste er es nicht: „Wessen Bild und Aufschrift ist das?"

Ahnungslos antwortete der Mann. „Des Kaisers".

„So gebt dem Kaiser, was dem Kaiser gehört, und Gott, was Gott gehört!"

Er musste seinen Denar wieder in die Tasche stecken. Zwar wunderten sich die Spitzel und ließen von Jesus ab, doch nach ihrer erneuten Niederlage vor der Menge ergrimmten sie umso mehr.

V. EIN SCHWERER WEG

45. Der Geheimrat des Hohenpriesters
Der Verräterlohn für Judas

Jesu Einzug in Jerusalem und seine Tempelaustreibung waren bei dem Volk wie ein Signal aufgenommen worden. Landauf, landab verbreitete sich die Meinung: „Das messianische Königreich beginnt. Der Messias ist da." Jesu Wunderkraft zeichnete ihn als Messias aus: Beweise dafür waren die Heilungswunder, die Speisung von über tausend Menschen, die Sturmstillung auf dem See, die Auferweckung der Tochter des Jairus, des Jüngling zu Nain, des Lazarus, seine eindrucksvollen Predigten und seine Überlegenheit in Streitgesprächen. Was war zu tun? Der Hohepriester befragte seinen Geheimrat. Der Geheimrat legte größten Wert darauf, unerkannt zu bleiben, in der Öffentlichkeit war nicht einmal sein Name bekannt. Schon lange vor dem Einzug Jesu in Jerusalem hatte er vorgeschlagen: „Sollte Jesus, wie vom Propheten Sacharja vorausgesagt, auf einem Esel in Jerusalem einziehen, lasst ihn! Sollte er die Händler, Geldwechsler und Opfertiere aus dem Tempel treiben, lasst ihn! Dann greift seine Aktion nämlich ins Leere. Das Volk mit seinen wechselnden Stimmungen ist zwar unberechenbar. Aber passiert danach nichts Umwälzendes mehr, werden sich viele von ihm abwenden. Das Volk will Sensationen und Steigerungen seiner jubelnden oder seiner verurteilenden Meinung. Jesus wiederum will kein Volksführer sein, schon gar nicht mit Waffengewalt. Er sucht Anerkennung als Messias. Gelingt ihm das nicht, will er mit dem Anspruch, der Messias zu sein, verurteilt werden."
Der Hohepriester ließ ihn fragen: „Und was, wenn er Heer-

scharen von Engeln gegen seine Verurteilung zum Einsatz bringt?"

„Gott ist kein Gewalttätiger. Und angenommen, himmlische Heerscharen kämen zum Einsatz, so könnten sie die Einstellung der Menschen nicht ändern. Die Menschen müssten sich aus Überzeugung ändern. Das können sie nicht. Wir sind von Natur aus anfällig für Sündhaftes und Wankelmütiges. Darum scheitern alle Weltverbesserer, und darum gelingt auch kein messianisches Reich."

Der Geheimrat wurde auch nach der Rolle der Römer gefragt.

„Ach ja, die Römer! Sie wissen zu wenig über uns und verstehen uns nicht, legen auch keinen gesteigerten Wert darauf, uns zu verstehen. Mit ihrem Stolz auf ihre Macht, ihre technischen Errungenschaften, ihre Götter, ihren Kaiser stehen sie sich selbst im Weg. Wären sie nur ein wenig klüger, hätten sie vor der Eroberung unseres Landes unsere heiligen Schriften studiert. Dann wäre es für sie leichter, uns zu regieren. So aber achten sie nur darauf, ob jemand ein Schwert zieht, eine Lanze hebt oder einen Pfeil auf den Bogen legt. Vor allem darf man sie nicht beleidigen; sie sind furchtbar ehrsüchtig und gewalttätig außerdem."

„Und was ist mit dem Messias?"

„Ein messianisches Wunderreich gelingt nur mit Wundermenschen. Jesu Wunderheilungen, Predigten und Antworten auf Fangfragen begeistern das Volk. Werden sie jedoch alltäglich, verlieren sie an Reiz. Die erst gläubig waren oder zu sein schienen, sind ebenso wie die Ungläubigen, die keinen Halt haben, darum auch nicht gehalten werden, sondern allein auf sich angewiesen sind, leicht umzustimmen. Und Jesus? Kreuzigen wir ihn, bewahren wir ihn vor Wiederholungen. Als Märtyrer aber, das weiß er, überlebt er. Und für die Zukunft hat er unter Garantie längst vorgesorgt."

„Und wie ziehen wir das Volk auf unsere Seite?"

„Kann Jesus durch eine List zwischen Tag und Nacht ergriffen werden, was durch bezahlten Verrat gelingen wird, sollte man ihn noch in derselben Nacht, bevor das Volk aus seinen Träumen erwacht, aburteilen. Ist das geschehen, lässt sich das Volk, der Not gehorchend, umstimmen."

Dass nach Jesu Einzug in Jerusalem und nach der Tempelreinigung nichts Umwälzendes mehr geschah, enttäuschte auch Judas Iskariot. Er hatte erwartet, Jesus werde mit seiner Wunderkraft die Römer vertreiben. Jesu Frohbotschaft aber lenkte von den konkreten Zielen der Untergrundkämpfer ab und schwächte ihre Kampfkraft. Um dem ein Ende zu bereiten, entschied sich Judas zum Verrat. Was er noch an Gottes Geist in sich trug, verflog. Der Satan nahm von ihm Besitz. Dass er nicht wie Simon, der Zelot, ein Feind der Römer sein konnte und trotzdem Jesu Freund, lag daran, dass er von einem politischen Übereifer besessen war. Er ging zu den Hohenpriestern und Hauptleuten der Tempelwache. Mit ihnen beriet er, wie er ihnen Jesus ausliefern konnte. Er bekam dreißig Silberlinge als Verrätergeld. Sein Blick hatte sich auf Politik und Geld verengt.

46. Unter strenger Geheimhaltung
Die Vorbereitung des Paschamahls

Das Paschafest stand bevor. In jedem Haus wurde ein Raum festlich hergerichtet. Auch Jesus wollte das Pascha mit seinen Jüngern feiern. Er wusste, es würde das letzte Mahl sein, das er mit ihnen halten würde. Er wollte sich damit von ihnen verabschieden, zugleich seinen Anhängern ein Vermächtnis stiften. Er schickte seine eng vertrauten Jünger Petrus und Johannes in die Stadt. Sie sollten das Paschamahl vorbereiten. Äußerste Vorsicht war geboten, denn Jesus und die übrigen Jünger würden am Abend ihr Versteck verlassen und in ein Haus nahe der Stadtmauer gehen.

„Wo sollen wir das Mahl vorbereiten?", fragten Petrus und Johannes.

„Wenn ihr in die Stadt kommt, wird euch ein Mann begegnen, der einen Wasserkrug trägt. Folgt ihm in das Haus, in das er hineingeht, und sagt zu dem Herrn des Hauses: Der Meister lässt dich fragen: Wo ist der Raum, in dem ich mit meinen Jüngern das Paschalamm essen kann? Er wird euch einen großen Raum mit Polstern zeigen."

Die Jünger taten, wie der Herr ihnen aufgetragen hatte. Die Gassen waren sehr belebt. Aber bald schon entdeckten sie in der Menge einen Mann, der eine Amphora auf dem Kopf trug. Er fiel auf, weil sonst nur Frauen einen Wasserkrug auf dem Kopf trugen. Sie folgten ihm unauffällig und gelangten zu dem Haus, in das er ging. Es lag an der äußersten oberen Ecke der Stadt, vor der Mauer. Der Besitzer wusste Bescheid. Er führte sie ins Obergeschoss, in einen großen Raum, der von der Straße nicht einzusehen war.

Der Abend nahte. Alles war vorbereitet, der Saal geschmückt, der Tisch gedeckt. Jesus kam mit seinen Jüngern. Er war, wie es wegen der Geheimhaltung zwingend war, mit seinen Jüngern allein. Mit staubigen Füßen hatten sie den Raum betreten. Kein Diener hatte ihnen beim Eintreten in das Haus die Füße gewaschen. Niemand bediente sie. Die Jünger schauten in die Runde, als wollten sie sich gegenseitig fragen: „Übernimmst du oder du den niederen Dienst, unsere Füße zu waschen?" Keiner fand sich bereit. Jesus stand auf, legte sein Obergewand ab, band sich ein Schurz um, goss Wasser in eine Schüssel und nahm einen Schwamm. Er kniete vor jedem, wusch jedem den Staub von den Füßen und trocknete sie mit seinem Schurz.

„Warum bin ich nicht auf die Idee gekommen?" warf sich Petrus vor. „Zu spät!"

Als Jesus zu ihm kam, winkte er ab: „Nein, Herr, von dir lasse ich mir nicht die Füße waschen."

Jesus ermahnte ihn: „Wenn ich dir deine Füße nicht wasche, hast du kein Anteil an mir."

„Dann, Herr, nicht nur die Füße, auch die Hände und den Kopf."

Er hatte noch nicht verstanden, dass Jesus mit der Fußwaschung etwas sagen wollte:

„Ihr nennt mich euren Herrn und Meister, und das bin ich auch. Aber ihr sollt wissen: Wer unter euch der Größte sein will, soll euer aller Diener sein. Ich habe euch ein Beispiel gegeben, damit auch ihr so handelt, wie ich an euch gehandelt habe: Der Sklave ist nicht größer als sein Herr."

Nun konnte das festliche Mahl beginnen.

47. Abschied nehmen
Das Paschamahl und Abendmahl

Jesus leitete die Paschafeier mit Gebet und einem Grußwort ein: „Ich habe mich danach gesehnt, vor meinem Leiden dieses Paschamahl mit euch zu essen. Denn ich sage euch: Ich werde es nicht mehr essen, bis das Mahl seine Erfüllung findet im Reich Gottes."

Jesus hatte das mit innerer Erschütterung gesagt. Die Jünger hatten es seiner Stimme angemerkt. Sie waren voll innerer Erregung. Ihrem Herrn verschlug es fast die Stimme, als er fortfuhr:

„Amen, amen, das sage ich euch: Einer von euch wird mich verraten."

Die Jünger waren entsetzt. Einige waren aufgesprungen, einer nach dem anderen fragte ihn:

„Doch nicht etwa ich?"

Petrus gab Johannes, dem Jüngsten der Jünger, der neben Jesus saß, einen Wink. Der verstand, was Petrus meinte. Er fragte Jesus:

„Wer ist es, Herr?"

„Der ist es, dem ich den Bissen Brot, den ich eintauche, geben werde."

Jesus nahm einen Bissen Brot, tauchte ihn ein und gab ihn dem Judas Iskariot. Kaum hatte der den Bissen zu sich genommen, verfinsterte sich sein Blick. Er war entdeckt. Der Herr hatte ihn vor allen bloßgestellt. Jesus wandte sich an ihn:

„Was du tun willst, das tu bald!"

Die übrigen Jünger verstanden nicht, was geschehen war. Judas jedoch erhob sich, warf seinen Mantel über und verließ den Raum. Die Jünger saßen auf ihren Plätzen wie erstarrt. Sie warteten und lauschten, wie die Schritte des Judas verhallten.

„Wohin geht er?"

„Sicher soll er etwas kaufen. Er hat ja die Kasse."

„Oder Bedürftigen Geld geben."

Alle starrten auf den leeren Platz. Draußen war finstere Nacht.

Eine drückende Stille legte sich auf den Raum. Brot und Wein waren noch auf dem Tisch. Jesus als Gastgeber hatte über dem Kelch, aus dem sie Wein getrunken hatten, die Worte gesprochen, die beim Paschamahl zu sagen waren, Worte, die an den Auszug Israels aus Ägypten erinnerten. Jahwe hatte sich in der Geschichte des Volkes als ihr Gott erwiesen.

Der Kelch war wieder mit Wein gefüllt worden. Brot lag daneben. Jesus nahm das Brot, hob es mit beiden Händen und sprach das Dankgebet. Dann brach er es und gab ihnen davon:

„Nehmt und esst; das ist mein Leib!"

Nach dem Mahl nahm er auch den Kelch in beide Hände und sprach: „Trinkt alle daraus; das ist mein Blut, das Blut des Bundes, das für viele vergossen wird zur Vergebung der Sünden."

Die Jünger horchten auf. So vieles war in letzter Zeit geschehen. So viel Bedeutendes hatte ihr Herr gesagt, gerade auch an diesem Abend: Ein Fürbittgebet für alle und dann das priesterliche Gebet für den Zusammenhalt aller, auch für die, die noch dazukommen werden, weil sie dazugehören, für die Einheit aller in seiner Nachfolge. Aber diese Dankfeier, die erste ihrer Art mit ihrem Herrn, war zugleich die letzte mit ihm, der Höhe- und Endpunkt von allem, was sie mit ihm erlebt hatten. Ihnen war klar: Das gehörte nicht mehr zum Paschamahl. Es war der Beginn von etwas Neuem, ein Mahl zur bleibenden Erinnerung und zu seiner Vergegenwärtigung in ihrer Gemeinschaft, ein verpflichtendes Erbe, das sie mit in alle Welt nehmen würden.

Sie nahmen und aßen, was er ihnen gab, ein Stück von ihm selbst, seine Freundschaft, seine Bruderschaft in der Einheit mit dem gemeinsamen Vater im Himmel. Auch den Kelch der Gemeinschaft mit ihrem Herrn nahmen sie. Sie tranken alle daraus: sein Leben für sie und die Welt. Trauer lag in seiner Stimme:

„Ich werde nicht mehr von der Frucht des Weinstocks trinken bis zu dem Tag, an dem ich von neuem davon trinke im Reich Gottes."

Sie verstanden: Die Gemeinschaft mit ihm geht nicht verloren. Er bleibt ihnen nahe. Sie werden ihn wiedersehen, ganz gleich was dazwischen liegt.

V. EIN SCHWERER WEG

48. Der Verrat
Das Gebet im Garten Getsemani

Nachdem sie das Lob- und Danklied gesungen hatten, löschten sie die Lichter im Saal und gingen hinaus. Niemand begegnete ihnen, weder im Haus noch draußen. Es war stockfinstere Nacht. Ihre Augen mussten sich erst an die Dunkelheit gewöhnen. Sie stiegen hinab vom Zionsberg ins Kidrontal – nur noch elf Jünger mit ihrem Herrn. Wo mochte Judas sein? Worte ihres Herrn klangen ihnen noch im Ohr: „Lange bin ich nicht mehr bei euch. Ihr werdet mich suchen, aber mich nicht finden. Wohin ich gehe, dorthin könnt ihr mir nicht folgen. Aber ich gebiete euch: Liebt euch untereinander, wie ich euch geliebt habe. Daran werdet ihr als meine Jünger erkannt werden."

Sie rückten enger zusammen. Schweigend folgten sie ihrem Herrn.

„Huschte da vorne nicht einer über den Weg?"

„Stand dort hinten nicht eine Gruppe Männer zusammen?"

Plötzlich blieb Jesus stehen: „In dieser Nacht werdet ihr mich alle verlassen."

Fast zu laut für die drückende Stille protestierte Petrus: „Nein, ich nicht!"

Man konnte Jesus anmerken, wie schwer es ihm wurde, Petrus lange anzusehen und ihm zu sagen: „Doch, auch du."

Petrus antwortete, diesmal wirklich zu laut: „Nein, nein! Lieber will ich mit dir sterben."

So traurig hatten sie ihren Herrn noch nicht erlebt: „Ehe der Hahn am Morgen kräht, wirst du mich dreimal verleugnen." Auch die anderen beteuerten, ihren Herrn nicht zu verlassen. Jesus sagte nichts mehr. Langsamen Schrittes ging er weiter ins Dunkle. Den Kopf hielt er gesenkt. Hatte er nicht geseufzt?

Jesus und die Seinen hatten ihr Versteck im Garten Getsemani am Fuß des Ölbergs. Dort angekommen nahm Jesus den Petrus, Johannes und Jakobus, die er auch auf den Berg der Verklärung mitgenommen hatte, mit sich. Er bat sie, mit ihm zu wachen und zu beten, er sei zu Tode betrübt. Dann ging er einen Steinwurf weit von ihnen. Uralte knorrige Stämme, Wurzeln wie verrenkt sich in den Boden krallend, dicke Äste, unheimlich nach oben ausgestreckt. Dort betete Jesus. Todesangst drückte ihn zu Boden. Er sah sein Sterben voraus. Er warf sich zu Boden und flehte:

„Mein Vater, wenn es möglich ist, gehe dieser Kelch an mir vorüber. Aber nicht, wie ich will, sondern, wie du willst."

Als Jesus zu seinen Freunden zurückkam, schliefen sie fest. Wieder bat er sie, mit ihm wach zu bleiben und zu beten. Es half nichts. Sie waren zu erschöpft. Sie nickten erneut ein. Zu viel war in den letzten Tagen auf sie eingestürmt, zu viele Eindrücke. Sie hatten sie noch nicht verarbeitet. Noch einmal warf sich Jesus zu Boden und flehte zu Gott. Seine Gebete wurden erhört. Nicht etwa so, dass er vom Tode gerettet wurde, wohl aber so, dass er die Kraft in sich verspürte, das Leiden auf sich zu nehmen. Er sah das zarte Wehen in den Baumkronen, sah, wie die schmalen Blätter hier und da im Mondlicht aufleuchteten. Ein Engel reichte ihm den Kelch der Stärkung. Er musste die Jünger wieder wecken: „Steht auf, wir wollen gehen! Seht, der Verräter, der mich ausliefert, ist da."

Sie wurden hellwach, denn sie hörten Schritte, Stimmen und Waffengeklirr. Brennende Fackeln beleuchteten eine Schar Bewaffneter von dem Hohenpriester und Ältesten des Volkes. Und wer ging vor ihnen her? – Judas Iskariot! Er kam auf Jesus zu:

„Sei gegrüßt, Rabbi!", sagte er und küsste ihn.

Dieses Zeichen hatte er mit der Schar Bewaffneter verabredet.

Jesus sprach zu ihm: „Freund, dazu bist gekommen?"

Petrus zückte das Schwert. Er hieb dem Kriegsknecht Malchus das Ohr ab. Jesus musste ihm Einhalt gebieten:

„Steck dein Schwert in die Scheide! … Oder glaubst du nicht, mein Vater würde mir sogleich mehr als zwölf Legionen Engel schicken, wenn ich ihn darum bitte?"

Jesus musste das Ohr erst wieder heilen.

Zu den Bewaffneten sprach er: „Wie gegen einen Räuber seid ihr mit Schwertern und Knüppeln ausgezogen, um mich festzunehmen. Tag für Tag saß ich im Tempel und lehrte, und ihr habt mich nicht verhaftet. Das alles aber ist geschehen, damit die Schriften der Propheten in Erfüllung gehen."

Die Jünger verließen ihn. Sie flohen in alle Richtungen.

49. Unter Ausschluss des Volkes
Das Gericht vor dem Hohenpriester

In Jerusalem verloschen die letzten Lichter in den Häusern, eins nach dem anderen. Die Menschen waren erschöpft von diesen Tagen. In jedem Haus waren Gäste aufgenommen worden. – Hell erleuchtet von brennenden Fackeln zog eine große Schar Bewaffneter durch das Kidrontal in die Stadt, in ihrer Mitte Jesus, an den Händen gefesselt. Sie brachten ihn zum Palast des Hohenpriesters. Der Befehl war bereits erteilt worden: Alle Mitglieder des Hohen Rates sollten schnellstmöglich zu einer nächtlichen Gerichtsverhandlung kommen. Das brauchte Zeit. Die nutzten die Bewaffneten und führten Jesus zuerst zu dem früheren Hohenpriester Hannas. Jesus als Gefangenen zu sehen, war für ihn ein Ereignis, das er sich schon lange gewünscht hatte. Der amtierende Hohepriester und Vorsitzende des Rates war sein Schwiegersohn Kajaphas. Der wartete schon im Saal.

Hannas befragte Jesus nach seinen Jüngern und nach seiner Lehre. Jesus war in der kurzen Zeit seines öffentlichen Wirkens so bekannt geworden, dass er sich über eine solche Fragen wunderte:

„Ich habe offen vor aller Welt gesprochen. Ich habe immer in der Synagoge und im Tempel gelehrt, wo alle Juden zusammenkommen. Nichts habe ich im Geheimen gesprochen. Warum fragst du mich? Frag doch die, die mich gehört haben, was ich zu ihnen gesagt habe. Sie wissen, was ich geredet habe."

Einer der Bewacher schlug Jesus ins Gesicht: „Redest du so mit dem Hohenpriester?"

Jesus fühlte sich ungerecht behandelt, denn Hannas war nicht der amtierende Hohepriester. Das offizielle Verhör sollte erst in der Versammlung des Hohen Rats beginnen. Darum erwiderte er dem Bewacher: „Wenn es unrecht war, was ich gesagt habe, warum schlägst du mich?"

Inzwischen war der Hohe Rat mitten in der Nacht zusammengekommen.

Hannas schickte Jesus gefesselt zu Kajaphas. Der Saal zur Gerichtsverhandlung war hell erleuchtet. Die dort Versammelten zeigten keine Müdigkeit. Für sie war der große Augenblick gekommen, Jesus zu verhören und zu richten. Sie hatten sich zwar schon nach der Auferweckung des Lazarus entschieden, ihn zu töten. Aber der Grund war damals, dass eine wachsende Zahl Menschen sich von Jesus beeindrucken ließ und zu seinen Anhängern wurde. Sie hatten sich damals gesagt:

„Wenn wir ihn gewähren lassen, werden alle an ihn glauben. Dann werden die Römer kommen und uns die heilige Stätte und das Volk nehmen."

Jesus nicht länger gewähren zu lassen, weil er sonst immer mehr Anhänger gewinnen würde, war kein Grund für ein Todesurteil. Doch diese Nacht war die Gelegenheit zu einem schnellen Prozess mit Todesurteil. Am frühen Vormittag sollte Jesus dann von dem römischen Statthalter verhört und verurteilt und vor Beginn des Paschas gekreuzigt werden.

Man bemühte sich um belastende Zeugen. Doch was sie vorbrachten, traf nicht zu oder war kein ausreichender Grund zur Verurteilung. Jesus schwieg zu den fadenscheinigen Anschuldigungen. Offensichtlich vermied man die Frage, ob er der Messias, der Sohn Gottes sei. Als sich der Prozess in die Länge zog, erhob sich der Hohepriester: „Ich beschwöre dich bei dem lebendigen Gott, sag uns: Bist du der Messias, der Sohn Gottes?"

Das war der Kern der Anklage. Jesus hatte sich selber nicht Messias, sondern Sohn eines Menschen genannt. Aber der Frage des Hohenpriesters stellte er sich.

„Du hast es gesagt. Doch ich erkläre euch: Von nun an werdet ihr den Menschensohn zur Rechten der Macht sitzen und auf den Wolken des Himmels kommen sehen." Damit bezog sich Jesus auf eine Messias-Weissagung des Propheten Daniel.

Da zerriss der Hohepriester sein Gewand und rief: „Er hat Gott gelästert. Wozu brauchen wir noch weiter Zeugen? Jetzt habt ihr die Gotteslästerung gehört. Was ist eure Meinung?"

„Er ist schuldig und muss sterben."

Da trieben sie ihren Spott mit ihm, spuckten ihn an, ohrfeigten ihn, schlugen ihm auf den Kopf und ins Gesicht und verhöhnten ihn: „Wer hat dich geschlagen, Messias? Du bist doch ein Prophet. Dann weißt du doch alles, dann kannst du uns auch sagen, wer dich geschlagen hat."

50. Petrus in Bedrängnis
Die Verleugnung des Petrus

Johannes und Petrus waren zunächst zwar mit den übrigen Jüngern geflohen, doch dann waren sie stehen geblieben. Johannes besann sich: „Uns wollten sie ja eigentlich nicht haben. Mir lässt das keine Ruhe, was mit unserem Herrn geschieht."
„Und ich habe im Affekt gehandelt, als ich mit dem Schwert dreinschlug. Unserem Herrn habe ich noch die Mühe gemacht, dass er den Malchus erst wieder heilen musste."
„Mit dem Hohenpriester Kajaphas bin ich bekannt. Wenn ich mich darauf berufe, werde ich zugelassen und bin ein Zuschauer im Gerichtssaal."
„Und ich? Wie werde ich zugelassen?"
„Ich werde für dich ein Wort einlegen. Dann kannst du wenigstens in den Garten des Hohepriesterpalastes. Durch die offenen Türen kannst du den Prozess verfolgen."
Sie beeilten sich und konnten in einiger Entfernung der Schar der Bewaffneten mit dem gefesselten Jesus in ihrer Mitte folgen. Johannes wurde aufgrund seiner Bekanntschaft mit dem Hohenpriester eingelassen. Er sprach mit der Pförtnerin, so dass auch Petrus herein durfte. Johannes war schon gegangen, da betrachtete sich die Pförtnerin den Petrus genauer, denn sie hatte das Schwert unter seinem Gewand bemerkt. Sie ließ ihn zwar herein, aber fragte ihn: „Bist du nicht auch einer von Jesu Jüngern?"
Petrus verneinte. – Im Hof des Palastes brannten hier und dort Feuer. Bewaffnete und Gerichtsdiener wärmten sich an den Feuern. Petrus stellte sich an eines der Feuer. Durch die offenen Türen des Saales konnte er Jesus und den Hohenpriester sehen. Als er am Feuer stand, wurde er wieder gefragt, ob er ein Jünger Jesu sei. Er erwiderte: „Ich kenne den Menschen nicht."

Da trat ein Verwandter des Malchus, dem er das Ohr abgeschlagen hatte, auf ihn zu: „Habe ich dich nicht im Garten Getsemani gesehen?"

Petrus verfluchte sich und schwor: „Ich kenne den Menschen nicht."

Während er noch redete, krähte ein Hahn. Jesus stand vor dem Hohenpriester. Er drehte sich zu Petrus um und schaute ihn an. Da erinnerte sich Petrus, dass der Herr zu ihm gesagt hatte: Ehe der Hahn kräht, wirst du mich dreimal verleugnen. Das war auf dem Weg durch das Kidrontal zum Garten Getsemani. Ihm kam in den Sinn, wie er mit viel zu lauter Stimme für die Stille der Nacht Jesus beteuert hatte, er sei bereit, mit ihm zu sterben. Ihm wurde heiß und kalt. Er verließ den Hof des Palastes, rannte in die Dunkelheit hinein und weinte bitterlich.

51. Was ist Wahrheit?

Das Gericht vor dem Statthalter Pilatus

Der Hohe Rat hatte einen Boten zum römischen Statthalter geschickt und dringend um einen Prozess gebeten. Bevor mit dem Erscheinen der drei ersten Sterne der neue Tag, der große Sabbat, begann, musste der Angeklagte hingerichtet sein. Pilatus überlegte: Wollen sie ihren Messias loswerden? Von ihm war die Rede, dass er am letzten Tag der Festwoche auftreten werde, um das Land von den Römern zu befreien. Seinetwegen war Pilatus mit noch mehr Truppen als in den vorhergehenden Jahren von der Garnison in Caesarea am Meer nach Jerusalem gekommen.

Gefesselt wie ein Schwerverbrecher brachte man ihm Jesus. Der gesamte Hohe Rat war mitgekommen, aber nur bis vor das Prätorium. Das Gebäude betraten sie nicht, um nicht unrein zu werden. Die Anklage gegen Jesus lautete: „Mit seinem Anspruch, König der Juden zu sein, wiegelt er das Volk gegen den Kaiser auf."

Soldaten des Statthalters führten Jesus in das Richthaus. Jesus stand vor Pilatus. Der musterte ihn unsicher und fragte: „Bist du der König der Juden?"

„Sagst du das von dir aus, oder haben es dir andere über mich gesagt?"

„Ich bin kein Jude. Die Hohenpriester haben dich mir ausgeliefert: Was hast du getan?"

„Mein Königtum ist nicht von dieser Welt. Wäre es von dieser Welt, würden meine Leute kämpfen, und ich stände nicht vor dir."

„Also bist du doch ein König?"

„Du sagst es. Ich bin ein König. Ich bin dazu geboren und dazu in die Welt gekommen, dass ich für die Wahrheit Zeugnis ablege. Jeder, der aus der Wahrheit ist, hört auf meine Stimme."

Pilatus stützte seinen Kopf in die Hand.

„Was ist Wahrheit?", fragte er.

Über die Wahrheit hatte er viel nachgedacht. Er war kein Musterbeispiel an Wahrhaftigkeit. Aber niemand hatte ihm bisher Wahrheit glaubhaft vorgelebt. Gerne hätte er mit Jesus über die Wahrheit gesprochen, aber das ging nicht.

Inzwischen hatte der Hohepriester viele Gleichgesinnte vor das Prätorium rufen lassen. Pilatus kam und sah die Menge. ‚So eine lästige Sache am frühen Morgen!', dachte er. ‚Nicht der Angeklagte, sondern die ihn verklagen, sind mir äußerst verdächtig. Und jetzt haben sie so viele zu ihrer Zustimmung herbeigerufen. Das fällt auf. Aber sie könnten sich beim Kaiser über mich beschweren.'

Verzweifelt fragte er in die Menge: „Was soll ich denn mit ihm tun?"

„Kreuzige ihn!", schrien sie.

Pilatus unternahm einen letzten Versuch, Jesus frei zu bekommen. Denn auch von seiner Frau war er gewarnt worden, Jesus zu verurteilen. Sie habe geträumt, er sei unschuldig. Zu dem Fest war es Brauch, einen Gefangenen freizugeben. Pilatus hatte einen Gewaltverbrecher namens Barrabas in Gewahrsam. Den ließ er holen. Die Menge stellte er vor die Wahl, ob sie Jesus oder Barrabas frei haben wollten.

„Barrabas!", schrie die Menge frenetisch, aufgeputscht von einigen, die sie dazu antrieben. Da sah Pilatus sich gezwungen, den Prozess zu eröffnen und Jesus geißeln zu lassen. Die Kriegsknechte nahmen Jesus mit in den Keller und banden ihn an eine Säule. Vierzig Geißelhiebe waren erlaubt. Sie gaben ihm neununddreißig, um das Gesetz nicht zu übertreten. Dann nahmen sie ihn mit in den Hof der Festung Antonia. Auf einer Bodenplatte war die Vorlage zum Königsspiel, ein Würfel- und Glücksspiel, eingeritzt. Todeskandidaten dienten ihnen als Könige. Sie flochten einen Kranz aus Dornen, setzten ihn Jesus auf und drückten ihm einen Stock in die rechte Hand. Darauf fielen sie vor ihm auf die Knie und verhöhnten ihn, indem sie riefen: „Heil dir, König der Juden!" Und sie spuckten ihn an, nahmen ihm den Stock wieder weg und schlugen ihm damit auf den Kopf. – Was ist Wahrheit? Als sie Jesus mit Dornenkrone und Purpurmantel vor das Prätorium führten, hatte die Menge die „Wahrheit" über sich vor Augen.

„Seht, da ist der Mensch!", schleuderte ihnen Pilatus voll Bitterkeit entgegen. Am liebsten hätte er ergänzt: „Das macht ihr aus einem unschuldigen Menschen, und mich zwingt ihr, ihn zu verurteilen. Aber seht ihn euch an! Das ist der wahre Mensch!" Das dachte er nur, denn er bangte, dass sie sich über ihn beim Kaiser beschweren könnten.

„Ans Kreuz mit ihm! Ans Kreuz mit ihm!", schrie die Menge. „Kreuzigt ihr ihn doch. Ich finde keine Schuld an ihm!", schlug Pilatus dem Hohen Rat vor.

„Wir haben ein Gesetz, und nach dem muss er sterben, denn er hat gesagt, er sei Gottes Sohn."

Pilatus erschrak: Erst hatte sich dieser Jesus als König ausgegeben, der für die Wahrheit Zeugnis gab. Jetzt musste er hören, er sei Gottes Sohn. Kaiser Augustus hielt sich für einen Halbgott. Auf den Münzen stand „Der Anzubetende". Pilatus ging wieder ins Richthaus. Er fragte Jesus: „Woher stammst du?" – Jesus antwortete nicht.

„Wie? Redest du nicht mit mir? Weißt du nicht, dass ich Macht habe, dich freizulassen, und Macht, dich zu kreuzigen?"

„Du hättest keine Macht über mich, wenn sie dir nicht von oben gegeben wäre; darum liegt größere Schuld bei dem, der mich dir ausgeliefert hat."

Am liebsten hätte er ihn wirklich freigegeben. Doch die Antreiber redeten auf ihn ein: „Wenn du den freilässt, bist du kein Freund des Kaisers mehr."

Diesen Ehrentitel wollte Pilatus behalten. Er war ihm verliehen worden. Darum gab er endlich nach. Er setzte sich auf den Richterstuhl und ließ Jesus vorführen.

„Das ist euer König!", rief er der Menge zu.

„Weg mit ihm, kreuzige ihn!"

„Euren König soll ich kreuzigen?"

„Wir haben keinen König außer dem Kaiser in Rom", antwortete der Hohepriester.

„Du Heuchler!", dachte Pilatus, und wieder kam ihm der Gedanke „Was ist Wahrheit?"

Er wollte nicht, er musste Jesus zur Kreuzigung freigeben. Wenigstens einmal in seinem Leben hatte er wirklich nachsichtig sein wollen, auch wenn es ihm nicht lag.

„Was ist überhaupt Recht, auch vor Gericht? Und was ist Wahrheit?"

Er ließ sich eine Schüssel Wasser bringen. Er hoffte, dass die Menge ihn verstand: Er wollte seine Hände in Unschuld waschen. Aber niemand interessierte sich dafür.

52. Ans Kreuz geschlagen
Die Kreuzigung Jesu

Als der Morgen kam, war die halbe Stadt auf den Beinen. Wie im Flug hatte sich herumgesprochen: „Unsere Oberen haben Jesus in der Nacht den Prozess gemacht und ihn am frühen Morgen zu Pilatus gebracht. Er soll heute, noch vor dem großen Sabbat, gekreuzigt werden."

„Was, unser Jesus? Der so viel Gutes getan und gesagt hat?"

„Na ja, in letzter Zeit hatte er sich weniger als Messias gezeigt."

„Solange er sich im Tempel aufhielt, haben sie ihn nicht anzufassen gewagt."

„Ja, weil wir, das Volk, zu ihm hielten. Im Dunkeln haben sie ihn gefasst."

„Aber da waren doch seine Jünger bei ihm."

„Die waren aber nicht bewaffnet, wie beim Einzug in Jerusalem zu sehen war."

„Das Ganze sieht mir nach einer List mit Verrat aus."

„Mit dem Prozess in der Nacht haben sie uns, das Volk, hintergangen."

„Während wir schliefen, haben sie unseren Traum zerstört."

„Ja, auch wir haben den Prozess verloren, nicht nur Jesus."

Jesus musste den Querbalken seines Kreuzes tragen. Er war ungehobelt und zu schwer nach allem, was er schon erlitten hat. Sein Schmerzensweg führte durch die Straßen Jerusalems. Jesus brach unter der Last zusammen. Von den Soldaten wurde er wieder hochgescheucht. – Viele säumten den Weg. Jesus erkannte seine Mutter. Beide spürten einen Stich im Herzen. Maria blieb ihm nah, bis unter dem Kreuz. Die Soldaten packten einen aus der Menge, den Simon von Zyrene, der gerade vom Feld kam. Der musste tragen helfen. Jesu Gesicht war voll Schweiß und Blut. Aus Mitleid reiche eine Frau ihm ihr Schweißtuch. Sie verwahrte es gut, ihr hatte er einmal geholfen. Weiter ging der Zug. Jesus war ermattet. Er brach, trotz der Hilfe des Simon von Zyrene, wieder zusammen. Die Soldaten trieben ihn auf. Weinenden Frauen begegnete er. Er blieb stehen: „Weint nicht über mich, weint über euch und eure Kinder ... Denn wenn das mit dem grünen Holz geschieht, was wird dann erst mit dem dürren werden?" Zum Gartentor hinaus ging es auf den Hügel Golgota, Schädelhöhe. Dort wurden die Übeltäter und die Aufständischen gekreuzigt. Am Fuß der Richtstätte fiel Jesus nochmals. Er wurde entkleidet. Man reichte ihm Schmerzlinderndes zu trinken. Er nahm es nicht. – Er wurde ans Kreuz genagelt. Über seinem Kopf war ein Schild angebracht. „INRI", stand darauf: Jesus Nazarenus Rex Iudaeorum. Der Hohepriester hatte gebeten, Pilatus soll schreiben, Jesus habe gesagt, er sei der König der Juden. Doch Pilatus blieb hart: „Was ich geschrieben habe, das habe ich geschrieben!" Jesu Kreuz wurde zusammen mit denen von zwei Schwerverbrechern aufgerichtet, eins zu seiner Rechten, eins zu seiner Linken. Er wurde unter die Übeltäter gerechnet.

Erhöht vom aufgerichteten Kreuz aus blickte er auf seine Mutter, auf Maria von Magdala, auf Johannes und auf die Frauen, die ihm von Galiläa gefolgt waren. Er sah den Tempel, die Stadt, im Licht der Abendsonne wie aus Gold gebaut. Da erkannte er die Spötter. „Wenn sie mich wenigstens jetzt in Ruhe lassen!" – Doch sie schütteten ihren Spott über ihn aus, denn das war ihre Stunde. So oft waren sie ihm unterlegen gewesen, aber jetzt war er in ihrer Hand.

„Sei gegrüßt, Messias"

„Ist das nicht der, der den Tempel abbrechen und in drei Tagen wieder aufbauen wollte?"

„Er steige nun herab vom Kreuz, damit wir sehen und glauben!"

„Anderen hat er geholfen und kann sich selbst nicht helfen!"
Jesus antwortete auf diesen Spott:
„Vater, vergib ihnen; denn sie wissen nicht, was sie tun!"
Jesu Mutter, Maria Magdalena und andere Frauen, der Jünger Johannes und der römische Hauptmann, der die Kreuzigung leitete, mussten das mit ansehen und mit anhören.
Erst hatte die Sonne hoch am Himmel gestanden und herniedergebrannt. Gegen Mittag hatte sich der Himmel verfinstert. Es war frostig kalt geworden. Den Spöttern war das Spotten vergangen. Drei Stunden dauerte die Finsternis. Um drei Uhr nachmittags, als im Tempel der Psalm 22 gebetet wurde, schrie Jesus laut:
„Mein Gott, mein Gott, warum hast du mich verlassen?"
Betete er mit der Gemeinde im Tempel den Psalm? Oder schrie er in bitterer Todesnot?
„Mich dürstet!", rief er.
Ein Soldat steckte einen nassen Schwamm auf ein langes Rohr und drückte ihn an seinen Mund. Nachdem Jesus getrunken hatte, sagte er: „Es ist vollbracht!"
Seine letzten Worte waren: „Vater, in deine Hände befehle ich meinen Geist."
Er schloss die Augen und verschied. –
Wundersame Dinge geschahen nach seinem Tod: Die Erde erbebte. Felsen barsten. An einigen Stellen tat sich die Erde auf. Verstorbene waren aus den Gräbern aufgestanden und den Menschen in der Stadt erschienen. Das bedeutendste Ereignis war, dass der Vorhang vor dem Allerheiligsten im Tempel zerriss, von oben bis unten. Das Allerheiligste wurde den neugierigen Augen freigegeben.

53. Das Ende
Die Grablegung Jesu

Die Mutter Jesu, Maria aus Magdala und die anderen Frauen, der Jünger Johannes und der römische Hauptmann standen unter dem Kreuz. Seine Bekannten standen in einiger Entfernung vom Kreuz. Auch die Frauen, die ihm seit der Zeit in Galiläa gefolgt waren, sahen alles mit an. Der römische Hauptmann pries Gott und sagte: „Das war wirklich ein gerechter Mensch." – Viele sahen in Jesus das Ebenbild Gottes.

Johannes dachte noch einmal an die vielen, mit denen sie von Kafarnaum am See Gennesaret durch den Jordangraben nach Jericho und von dort zur hoch gebauten Stadt, nach Jerusalem, gezogen waren. Bei der mehrtägigen Wanderung waren sie sich durch Gespräche einander näher gekommen. Aber wie unsinnig waren doch ihre Pläne, wer welchen Posten in dem Königreich ihres Herrn einnehmen solle! Durch die Heilung des blinden Bartimäus waren sie wieder zur Realität und zu dem Heil zurückgekehrt, das Jesus anzubieten hatte. Offensichtlich waren alle bei Jesus geblieben. Jetzt galt es, Zusammenhalt zu zeigen.

Nachdem Jesus gestorben war, kam ein Soldat. Mit seiner Lanze stieß er ihm in die Seite. Blut und Wasser flossen heraus. „Dies ist der Kelch des neuen Bundes. Mein Blut, das für euch vergossen wird", hatte Jesus bei seinem letzten Mahl mit seinen Jüngern gesagt. Johannes betete diese Worte. Maria weinte leise vor sich hin. Eine unsagbare Stille breitete sich über das Land. Eine Handvoll Soldaten hockte noch unter den drei Kreuzen. Sie hielten Wache. Sie teilten die Kleider der Gekreuzigten unter sich. Jesu Gewand war in einem Stück genäht, ohne eine Naht. Um dieses Gewand würfelten sie. Dann gingen auch sie.

Zu dem weiteren Kreis um Jesus gehörten auch geheime Anhänger, die nur ihr Herr kannte. Sie hielten sich auch jetzt fern. Die Spitzel des Hohenpriesters, der Römer und des Herodes Antipas hatten Ruhe. Sie meinten, die Geschichte mit Jesus von Nazaret sei nun ausgestanden. So dachten auch viele der Spötter. Sie waren nach Hause gegangen. Es wurde Abend. Ein neuer Tag begann mit den ersten drei Sternen am Nachthimmel. Der große Sabbat begann. Die Straßen und Plätze hatten sich von Menschen geleert.

Da! Im Schutz der Dunkelheit näherte sich Josef von Arimathäa, ein vornehmer Ratsherr, einer von den geheimen Jüngern Jesu. Von Pilatus hatte er sich den Leichnam Jesu erbeten. Er brachte lange Leinenbinden mit. Noch einer kam: Nikodemus, der Jesus in der Nacht aufgesucht hatte. Er brachte eine wohlriechende Mischung von Myrrhe und Aloe mit. Sie nahmen Jesus vom Kreuz und legten ihn in Marias Schoß. Es war, als stände die Zeit still. Sie balsamierten den Leichnam mit der Salbe und umwickelten ihn mit den Leinenbinden. Sie legten ihn in die Grabkammer, die Josef von Arimathäa für sich aus dem Fels hatte hauen lassen. Sie lag in einem Garten mit Bäumen und wohlriechenden Kräutern. Sie wälzten einen großen Stein wie einen Mühlstein vor den Eingang. Die Frauen sahen, wohin Jesus gelegt wurde.

Der Hohepriester bat Pilatus, das Grab bis zum dritten Tag bewachen zu lassen, denn Jesus habe davon gesprochen, dass er am dritten Tag auferstehen werde. Es könnte ja sein, dass die Jünger den Leichnam stehlen und dem Volk sagen, er sei auferstanden. Pilatus willigte ein. Er ließ das Grab versiegeln und bewachen.

VI. EIN NEUANFANG

54. Die ersten Zeugen
Die Frauen am Grab

Bevor die Stadt am ersten Tag der neuen Woche zu neuem Leben erwachte, waren die Frauen, die mit Jesus aus Galiläa gekommen waren, schon unterwegs zum Grab. Sie überlegten: „Wer wird uns den schweren Stein vom Grab wälzen?" Maria Magdalena eilte voraus. Die Sonne ging soeben auf, da war sie schon am Grab. Sie erschrak: Die Grabkammer war offen, der Stein beiseite gewälzt. Die anderen Frauen kamen nach. Alle sahen die lichte Gestalt eines Engels.

„Fürchtet euch nicht! Ich weiß, ihr sucht Jesus, den Gekreuzigten. Er ist nicht hier, denn er ist auferstanden, wie er gesagt hat. Kommt her, seht euch die Stelle an, wo er lag. Dann geht schnell zu seinen Jüngern und sagt ihnen: Er ist von den Toten auferstanden!"

Zitternd standen sie da. Dann flohen sie vom Grab. Als sie sich noch einmal umschauten, war die Grabkammer leer. Hatten sie sich getäuscht? Sie zitterten immer noch vor Furcht und flüchteten in die Häuser, in denen sie aufgenommen worden waren. Dort verkrochen sie sich, sagten niemanden etwas und waren für niemanden zu sprechen.

Nur Maria Magdalena hatte den Mut umzukehren. Sie stand vor dem Grab und weinte. Sie meinte, Jesu Leichnam muss doch da sein, wenn nicht hier, dann woanders. Plötzlich spürte sie, jemand stand hinter ihr.

Er sprach sie an: „Frau, warum weinst du? Wen suchst du?" Wohl hörte sie eine vertraute Stimme, aber sie meinte, es sei der Gärtner.

Zu ihm sprach sie: „Der Leichnam meines Herrn ist nicht mehr da. Hast du ihn woanders hingebracht, dann sag mir, wohin. Ich möchte ihn holen."

Jesus erwiderte nur ein Wort: „Maria!"

Freudig erregt wandte sie sich um: „Rabbuni!" Das hieß so viel wie ‚Mein Meister!'

Am liebsten wäre sie ihm um den Hals gefallen oder hätte sich ihm zu Füßen geworfen.

„Berühre mich nicht, denn ich bin noch nicht zum Vater aufgefahren. Geh aber zu meinen Brüdern und sage ihnen, dass ich auffahren werde!"

Immer noch freudig erregt eilte sie zu den anderen Frauen und berichtete zunächst ihnen. Sie fassten Mut und gingen zu dem Haus in der oberen Stadt, in dem die Jünger sich versteckt hielten. Sie berichteten ihnen, was sie erlebt hatten. Die Aussagen von Frauen wurden vor Gericht nicht angenommen. Sie aber wurden die ersten Zeugen des Auferstandenen.

Und die Jünger? Sie konnten es nicht fassen, nicht glauben, was die Frauen ihnen berichteten. Obwohl Jesus ihnen wiederholt sein Leiden, Sterben und Auferstehen vorausgesagt hatte, hielten sie es für nicht möglich. Petrus und Johannes wollten Licht in dieses Dunkel bringen. Sie liefen zum Grab. Johannes war schneller als Petrus. Er kam zum Grab, schaute hinein und sah, es war leer. Petrus kam und ging hinein. Er sah die Leinenbinden, auch das Schweißtuch dort liegen, wo der Leichnam Jesu gelegen hatte. Etwas Unbegreifliches muss geschehen sein, dachten beide. Immer noch konnten sie Jesu Auferstehung nicht glauben.

.

55. Ein geheimnisvoller Fremder
Die Emmaus-Jünger

Am Abend desselben ersten Tages der neuen Woche, als die Jünger die Türen aus Angst verriegelt hatten, trat der Auferstandene in ihre Mitte. Sie erschraken. Er aber grüßte sie: „Friede seit mit euch! Warum seid ihr so bestürzt? Warum lasst ihr in euren Herzen solche Zweifel aufkommen? Seht meine Hände und meine Füße, ich bin es selbst."

Er zeigte ihnen seine Wundmale an den Händen und an seiner Seite. Da wich ihre Furcht. Sie waren froh, den Herrn wieder bei sich zu haben. Der Tod konnte ihn ihnen nicht entreißen.

Er erinnerte sie an die Worte, die er ihnen gesagt hatte, als er noch bei ihnen war. Daraufhin öffnete er ihnen das Verständnis für die heilige Schrift und für die Weissagungen über ihn:

„So steht es in den Schriften: Der Messias wird leiden und am dritten Tag von den Toten auferstehen, und in seinem Namen wird man allen Völkern, angefangen in Jerusalem, verkünden, sie sollen umkehren, damit ihre Sünden vergeben werden. Ihr seid Zeugen dafür. Und ich werde die Gabe, die mein Vater verheißen hat, zu euch herabsenden. Bleibt in der Stadt, bis ihr mit der Kraft aus der Höhe erfüllt werdet."

Die Jünger atmeten erleichtert auf. Sie waren wieder voller Hoffnung und guter Zuversicht. Viele, die sich schon mit dem Ende der Jesus-Geschichte abgefunden hatten, holte der Herr zurück, auch Kleophas und seinen Freund aus Emmaus: Für die beiden hatte die Geschichte mit Jesu Tod ein trauriges Ende genommen. Sie sahen keinen Grund, länger in Jerusalem zu bleiben. Sie hatten sich verabschiedet und sich auf den zwei Stunden langen Fußweg von Jerusalem nach Emmaus begeben. Im Gespräch über die Ereignisse der letzten Tage waren sie vertieft, da gesellte sich jemand zu ihnen und fragte: „Worüber redet ihr so traurig?"

Sie blieben erstaunt stehen: „Weißt du nicht, was in Jerusalem in diesen Tagen geschehen ist?"

„Was denn?"

„Das mit Jesus von Nazaret. Wir hatten gehofft, er wird Israel erlösen. Doch unsere Hohenpriester haben ihn kreuzigen lassen. – Auch haben einige Frauen aus unserer Mitte uns in Aufregung versetzt: Sie berichteten, ein Engel am Grab habe ihnen gesagt, er sei von den Toten auferstanden. Einer soll er sogar persönlich erschienen sein. Sie hatte ihn für den Gärtner gehalten und gefragt, wohin er den Leichnam unseres Herrn gelegt hat. Daraufhin habe der Mann sie nur bei ihrem Namen genannt. Da wäre sie ihm vor Freude bald um den Hals gefallen oder hätte sich ihm zu Füßen geworfen. – Vor Gericht gelten die Aussagen von Frauen nichts, bei uns aber schon."

„Begreift ihr denn nicht?" antwortete ihr Wegbegleiter. „Wie schwer fällt es euch, das zu glauben, was schon die Propheten gesagt haben?"

Er erklärte ihnen, warum alles so hatte kommen müssen. Die Zeit verging wie im Flug. Zwischendurch hatten sie überlegt:

„Sind wir diesem Fremden schon einmal begegnet? Kannte er unseren Herrn? Er weiß so viel über ihn und redet wie unser Herr."

Doch sie erkannten ihn nicht. In Emmaus angekommen, baten sie ihn: „Bleib doch bei uns, denn es wird bald Abend, der Tag hat sich schon geneigt!"

Er kehrte bei ihnen ein. Kleophas, der Hausherr, bat zu Tisch. Seine Aufgabe wäre es gewesen, das Dankgebet vor der Mahlzeit zu sprechen und seine Gäste einzuladen, zuzugreifen und es sich schmecken zu lassen. Aber ihr Begleiter nahm das Brot, hob es hoch, sprach das Dankgebet, brach das Brot und gab ihnen davon. Da fiel es ihnen wie Schuppen von den Augen. Denn so hatte es Jesus immer getan: So hatten sie es noch vom letzten Mahl mit ihm in Erinnerung. Sie sprangen auf, außer sich vor Freude: „Es ist der Herr!"

Über diese Erregung trat der Herr ins Unsichtbare zurück. Sie liefen, so schnell sie konnten, den Weg zurück nach Jerusalem. Unterwegs wurde ihnen immer klarer: „Ihm verdanken wir unser tägliches Brot. Auch wenn es durch viele Hände geht, aber es kommt von dem Schöpfer allen Lebens. Er ist unser aller Gastgeber."

Da wurde ihnen bewusst: „Brannte uns nicht das Herz in der Brust, als er uns anhand der Schrift zeigte, warum alles so kommen musste, wie vorausgesagt?!"

Außer Atem erreichten sie die Stadt und gingen in das Haus zu ihren Freunden. Als sie zum Obergeschoss hinaufstiegen, schlug ihnen bereits eine Welle österlicher Freude entgegen: „Er ist wahrhaftig auferstanden", riefen ihnen ihre Freunde entgegen und erzählten, er sei auch dem Petrus erschienen. Da erzählten auch sie, wie sie den auferstandenen Herrn am Dankgebet, am Brotbrechen und am Brotverteilen erkannt hatten.

56. Zurück im Alltag?

Der Auferstandene erscheint den Jüngern am See Gennesaret

Noch fehlte den Jüngern der Mut, das Evangelium allerorten zu verkünden. Sie fürchteten, als Jesu Anhänger gefasst zu werden. Auch hatten sie Bedenken, ob ihnen die richtigen Worte einfallen würden. Vor allem aber hatte Jesus ihnen aufgetragen, in Jerusalem zu bleiben, bis er ihnen den Heiligen Geist senden würde. In der Zeit bis zu seiner Himmelfahrt erschien er ihnen wiederholt und sprach zu ihnen vom Reich Gottes. Dabei erstarkten sie in dem Bewusstsein: „Unser Herr lässt uns nicht allein. Er bleibt uns nah."

Einige hatten zu Hause Verpflichtungen nachzukommen. Sie machten sich auf den Weg und blieben einige Tage weg. Zum Shawuoth, zu dem Wochenfest, sieben Wochen nach dem Paschafest, wollten sie alle wieder in Jerusalem sein.

Petrus ging nach Kafarnaum. Unschlüssig stand er am Seeufer. Die Abendsonne brachte noch wohltuende Wärme. Sanft kräuselten Wellen an den Strand. Die Wasserfläche glitzerte im Schein der untergehenden Sonne. Er gab sich einen Ruck:

„Ich gehe fischen."

Thomas, Natanael, Johannes, Jakobus und zwei andere Jünger sagten: „Wir kommen mit."

Sein Boot lag in der Siebenquellbucht. Eine aus dem Fels gehauene Treppe führte von dem Felsplateau ins Wasser. Dorthin leitete Petrus sein Boot. Sie bestiegen es und ruderten hinaus auf den See. Keiner sagte etwas. Jeder hing seinen Gedanken nach. Sie fischten die ganze Nacht – umsonst. Müde kehrten sie gegen Morgen zur Anlegestelle zurück.

Ein Mann stand auf dem Fels. Er rief: „Meine Kinder, habt ihr nicht etwas zu essen?"

Hatten sie die ungewöhnliche Anrede überhört? Sie antworteten: „Wir haben nichts gefangen."

„Werft das Netz auf der rechten Seite des Bootes aus und ihr werdet etwas fangen."

Sie waren schon fast am Ufer, wo man nur kleine Fische fängt, und rätselten: „Was versteht der vom Fischen? Bei Tagesanbruch fängt man keine Fische." Aber sie waren zu müde, um ihn zu fragen oder ihre Meinung zu sagen. Sie warfen das Netz aus und – in der Tat! – sie fingen so viel, dass das Netz sich kaum ziehen ließ.

Johannes flüsterte zu Petrus: „Es ist der Herr."

Da überließ Petrus das Boot den anderen, zog etwas über und watete ans Ufer. –

Ein Feuer brannte auf dem Felsplateau. Fische brieten darin. Brot lag daneben. Sprachlos schauten die Jünger auf Feuer, Brot und Fische. In Gedanken erlebten sie noch einmal, wie ihr Herr mit fünf Gerstenbroten und zwei Fischen eine große Menschenmenge speiste.

Petrus ging zum Boot. Er zog das Netz an Land. 153 große Fische zählte er, und das Netz war nicht gerissen. Sie platzierten sich um das Feuer. Der Mann nahm das Brot, hob es, sprach den Lobpreis, brach es und gab ihnen davon. So hatte es der Herr immer getan. „Ich bin das Brot des Lebens", hatte er sie gelehrt. Der Mann gab ihnen auch von den Fischen. „Ist das nicht der Herr, der auferstandene?"

Doch sie waren wie gelähmt. Was hätten sie nach der langen Nacht und dem soeben Erlebten auch sagen sollen? In Jerusalem hatten sie den Auferstandenen wiederholt erlebt. Er war, obwohl die Türen verriegelt waren, zu ihnen eingetreten. Er hatte sie vom Reich Gottes gelehrt. Das hatte er zwar auch auf ihren Wanderungen durch Galiläa getan. Aber damals hatten sie nicht viel darüber nachgedacht. Er war ja Tag für Tag bei ihnen. Aber jetzt erstarkten sie ganz allmählich aus eigener Überzeugung, um anderen das Reich Gottes zu verkünden. Vieles tauchte aus der Erinnerung wieder auf und ging ihnen durch den Kopf – zu vieles auf einmal.

57. Brennende Fragen
Drei Fragen an Petrus am See Gennesaret

Petrus blickte ins Feuer. Er spürte eine innere Beklommenheit und merkte, dass er nicht den Mut hatte, dem Mann in die Augen zu schauen. Stattdessen quälte ihn ein Gedanke. Wie jetzt, so hatte er auch im Hof des hohepriesterlichen Palastes ins Feuer gesehen, nur nicht so verträumt, sondern ängstlich erregt. Dreimal war er gefragt worden, ob er nicht auch zu den Jüngern Jesu gehöre. Jedesmal hatte er das geleugnet, beim dritten Mal sich sogar verflucht, wenn er zu Jesus gehören würde. Der hatte vor dem Hohenpriester gestanden und zu ihm herübergeschaut, als der Hahn krähte. – Schrecklich! Daran, was danach gekommen war, wagte er nicht zu denken. – Sollte er sich jetzt bei Jesus entschuldigen? Er war wie steif und konnte sich nicht dazu überwinden. Er starrte weiter ins Feuer.
Da wandte sich Jesus ihm zu: „Simon, Sohn des Johannes, liebst du mich mehr als diese?"
Petrus erschrak: „War er jetzt für Jesus wieder nur der alte Simon, der Sohn von Johannes, nicht mehr der Petrus, der Fels, auf dem er seine Kirche bauen wollte? Und „mehr lieben als diese"? – Das ging doch gar nicht! Hatte nicht der unscheinbarste, kleinste Jünger mehr Liebe als er? Die anderen fühlten sich ebenso betroffen, als hätte Jesus sie gefragt: „Warum hattet ihr den Gang nach Jerusalem für einen Marsch auf Jerusalem gehalten? Warum hattet ihr auf einen Sitz möglichst nah bei meinem Thron gehofft? Warum seid ihr geflohen, als Judas mit Bewaffneten kam und ich verhaftet wurde? Liebt ihr mich mehr als die anderen Jünger?"
Zurückhaltend antwortete Petrus: „Herr, du weißt, dass ich dich liebe."
„Weide meine Lämmer!"

Er dachte: „Jesus ist doch der gute Hirte. Warum soll ich seine Lämmer weiden?"

Da fragte Jesus schon wieder: „Simon, Sohn des Johannes, liebst du mich?"

Dieselbe Frage ein zweites Mal. Das bohrte in ihm, das tat ihm weh. Ihm fiel noch mehr ein, wo er vorlaut gewesen war oder versagt hatte: „Herr, du weißt, dass ich dich liebe."

„Weide meine Schafe!"

In Petrus jagten die Gedanken hin und her: „Ich soll seine Schafe hüten. Ich bin doch nicht der gute Hirte. Ich bin alles andere, aber kein treuer und für andere fürsorglicher Hirte. Trotzdem soll ich seine Schafe hüten? Ob er mich wieder in seinen Dienst nehmen will? Ob er mir seine Schafe neu anvertraut? Soll ich doch der Fels sein?"

Dann zum dritten: „Simon, Sohn des Johannes, liebst du mich?"
Petrus wusste nicht mehr, was er antworten sollte. Die Fragen brannten in ihm wie Feuer. Kleinlaut erwiderte er: „Herr, du weißt alles. Du weißt, dass ich dich lieb habe."

„Weide meine Schafe!"

Das Feuer der Liebe läuterte ihn von der Schuld der dreimaligen Verleugnung, auch davon, dass er ihn von dem Gang nach Jerusalem hatte abhalten wollen, und manches mehr. Aber der Herr nahm ihn wieder in seinen Dienst.

Petrus fühlte sich erleichtert. Tief atmete er auf. Es war, als ließe er den ängstlichen, vorlauten, treulosen Simon, Sohn des Johannes, aus sich heraus, als wäre er ihn für immer los, als wäre er wiedergeboren zu dem Petrus, dem Fels der Kirche. Er hatte gelernt: „Gott hält uns an langen Seilen seiner Liebe fest. Werden wir untreu, bleibt er uns treu."

Auch für die übrigen Jünger war es eine Lehre: Fels in einer Brandung und Hirte einer von Gott anvertrauten Herde zu sein, verlangt Liebe und Treue. Der gute Hirte geht dem verloren gegangenen Schaf nach. „Und wenn er es gefunden hat, führt er es voll Freude wieder nach Hause."

58. Ein Versprechen
Die Himmelfahrt Christi

„Geht nicht weg von Jerusalem, sondern wartet auf die Verheißung des Vaters, die ihr von mir vernommen habt. Johannes hat mit Wasser getauft, ihr aber werdet schon in wenigen Tagen mit dem Heiligen Geist getauft."

„Man kann sich an den Herrn auch als an den Auferstandenen so gewöhnen, dass man kaum noch eigene Verantwortung zu übernehmen bereit ist", meinte ein Jünger zu einem anderen.

„Glaub nur ja nicht, dass er als Auferstandener bei uns bleibt. Auch wir wachsen durch verschiedene Stadien der Vollkommenheit zu Gott hin."

„Aber wir sehen ihn doch, hören ihn und haben Gemeinschaft mit ihm."

„Du vergisst, dass er bereits gestorben ist und nicht wie vorher mit uns weiterlebt."

„Aber er bleibt doch bei uns, auch wenn er kommt und geht."

„Er wird uns auch auf den Wegen zu allen Völkern nahe sein, aber anders als jetzt oder vorher."

„Ich verstehe: So wie jetzt kann er nicht zeitgleich an allen Orten sein."

„Ja, dazu muss er erst aufgefahren sein und zur Rechten des Vaters sitzen."

„Dann wird der Heilige Geist in uns und durch uns an anderen wirken."

„Ob er mit der Ausgießung des Heiligen Geistes das Reich für Israel wiederherstellt?"

Jesus hatte diese Frage mitbekommen: „Euch steht es nicht zu, Zeiten oder Fristen zu erfahren, die der Vater in seiner Macht festgesetzt hat. Aber ihr werdet die Kraft des Heiligen Geistes empfangen, der auf euch herabkommen wird;

und ihr werdet meine Zeugen sein in Jerusalem und in ganz Judäa und Samarien und bis an die Grenzen der Erde."

„Wann werden die Völker aus ihren Schwertern Pflugscharen und aus ihren Lanzen Winzermesser schmieden?", fragte ein Jünger.

Ein Dritter gab zu bedenken: „Das ist ja so unwahrscheinlich wie, dass ,der Wolf beim Lamm wohnt, der Panther beim Böcklein liegt, Kalb und Löwe zusammen weiden, ein kleiner Knabe sie hüten kann, Kuh und Bärin sich anfreunden, ihre Jungen beieinander liegen, der Löwe Stroh frisst wie das Rind, der Säugling vor dem Schlupfloch der Natter spielt, das Kind seine Hand in die Höhle der Schlange steckt, man nichts Böses mehr tut und kein Verbrechen begeht, denn das Land ist erfüllt von Erkenntnis des Herrn, so wie das Meer mit Wasser gefüllt ist'."

„Jesaja wollte mit diesen Worten sagen: Bei Menschen ist es unmöglich. Bei Gott sind alle Dinge möglich." –

Dann kam der Abschied Jesu von seinen Jüngern. Sie gingen auf dem Ölberg, von dem sie so oft und gerne auf Jerusalem geschaut hatten. Während Jesus sie segnete, nahm ihn eine Wolke auf vor ihren Augen. Einzelheiten blieben ihnen nicht in der Erinnerung. Auf sie kam es nicht an. Trotzdem blickten sie nach oben, mehr gedankenverloren. Aus dem Unsichtbaren traten zwei Männer in weißen Gewändern zu ihnen: „Was steht ihr da und schaut zum Himmel empor?"

Für die Jünger war diese Frage wie ein Weckruf. Die beiden Männer gaben ihnen die Verheißung:

„Jesus lässt euch nicht allein. Er hat euch versprochen: ,Ihr seht mich, weil ich lebe und weil auch ihr leben werdet'. Er wird so wieder zu euch kommen, wie er jetzt von euch gegangen ist."

Voller Freude kehrten sie nach Jerusalem zurück. Auch darüber freuten sie sich, dass ihr Herr dem Zugriff von Menschen entzogen worden war. Sein Heimgang war nicht mit der Vergöttlichung irdischer Herrscher zu vergleichen. Sie kamen nicht vom Himmel und kehrten nicht dorthin zurück. „Niemand ist in den Himmel hinaufgestiegen außer dem, der vom Himmel herabgestiegen ist: der Menschensohn", hatte Jesus zu Nikodemus gesagt.

Der Ausblick auf das, was Jesus ihnen versprochen hatte: „Ich, wenn ich über die Erde erhöht bin, werde alle zu mir ziehen" wurde ihnen jeden Tag neu zur Kraftquelle.

ANMERKUNGEN

Kapitel 1.: Lk 1,26-38

Die Verkündigungskirche der Franziskaner zeigt in der Unterkirche eine der ärmlichen Felsenhöhlen, in denen die Bewohner von Nazaret wohnten. Diese Wohnhöhle wurde schon früh als Wohnstätte Marias verehrt. Oberhalb von ihr, wie die Verkündigungskirche, wurde über den Fundamenten älterer Kirchen die St.-Josefs-Kirche errichtet.

Der Stammbaum Jesu:
Isai, der Vater des Königs David. David war der Vater von Salomo, dessen Mutter die Frau des Urija war.
Salomo war der Vater von Rehabeam, Rehabeam von Abija, Abija von Asa, Asa von Joschafat, Joschafat von Joram, Joram von Usija. Usija war der Vater von Jotam, Jotam von Ahas, Ahas von Hiskija, Hiskija von Manasse, Manasse von Amos, Amos von Joschija. Joschija war der Vater von Jojachin und seinen Brüdern; das war zur Zeit der Babylonischen Gefangenschaft.
Nach der Babylonischen Gefangenschaft war Jojachin der Vater von Schealtiel, Schealtiel von Serubbabel, Serubbabel von Abihud, Abihud von Eljakim, Eljakim von Azor. Azor war der Vater von Zadok, Zadok von Achim, Achim von Eliud, Eliud von Eleasar, Eleasar von Mattan, Mattan von Jakob. Jakob war der Vater von Josef, dem Mann Marias; von ihr wurde Jesus geboren, der der Christus (der Messias) genannt wird. (Mt 1,6-16)

Kapitel 2: Lk 1,39-56

Kapitel 3: Lk 2,1-5

Kaiser Augustus war ab 31 vor Christus Alleinherrscher.

Kapitel 4: Lk 2,6-20

Die Geburtsbasilika in Betlehem wurde über der Geburts-
grotte errichtet. Sie liegt unter dem Altarraum. Sie ist das
Herz der Kirche. Dass Jesus in einer Felsenhöhle bei Betlehem
zur Welt kam, ist schon aus früher Zeit bezeugt. Die Höhle
wurde schon bald von Christen verehrt. Origines bezeugte
im 3. Jahrhundert, die Geburtshöhle sei allgemein bekannt.
Die Geburtskirche wurde als einzige der christlich-byzanti-
nischen Kirchen von den Persern bei ihrem Eroberungsfeld-
zug 614 verschont, angeblich hielt ein Bild der Weisen in
persischer Nationaltracht sie von einer Zerstörung ab.

Jesus könnte im Frühjahr geboren sein. In dieser Jahreszeit
blieben die Hirten nachts bei den Herden. Sie wollten den
Schafen bei der Geburt ihrer Lämmer helfen. Die Christen in
Rom jedoch legten das Geburtsfest Jesu auf den Festtag für
den Sonnengott. Damit protestierten sie gegen den staatlich
verordneten Kult. Nicht der Helios, sondern Christus war
für sie das „Licht der Welt" (Joh 8,12).

Kapitel 5: Mt 1,1-12

Dass sich im Jahr 7 v. Chr. (umgerechnet auf unseren Kalen-
der, am 29. Mai, 3. Oktober und 4. Dezember) die beiden Pla-
neten Jupiter und Saturn im Sternzeichen der Fische überlagern werden, was nur alle 794 Jahre geschieht, hatten bereits die Babylonier errechnet. Sie hatten es in Keilschrift auf
eine Tontafel geschrieben. Aufbewahrt wurde sie im Archiv
des Königs von Persien (1925 von dem Wissenschaftler Paul
Schnabel entdeckt und entziffert). Der Planet Jupiter galt als
der König aller Sterne, der Stern des Weltenherrschers, das
Sternbild der Fische als Zeichen der Endzeit, der Planet Sa-

turn im Osten als der Stern Judäas. Überlagerten sich Jupiter und Saturn und reflektierten gemeinsam das Licht der Sonne im Sternzeichen der Fische, las man daraus: Der König aller Könige, der König der Endzeit, wird in Judäa geboren. Die Sterndeuter Persiens – sie gehörten zur Priesterkaste ihres Landes – kannten diese astronomischen Daten. Sie stimmten mit denen des Sternkalenders der Sternwarte in Sippar am Euphrat überein (Johannes Kepler errechnete 1604 rückschauend dieselben Daten).

Kaiser Augustus, der eigentlich Gaius Octavianus hieß, umgab eine göttliche Aura, sagte man. Er war kein Vorbild an Sittlichkeit. Trotzdem übertrug ihm der Senat im Jahr 18 v. Chr. die Sittenaufsicht: Augustus verschärfte die Strafgesetze gegen Ehebruch, führte eine allgemeine Pflicht zur Ehe ein. Kinderlose Ehen besteuerte er hoch; Familien mit drei und mehr Kindern erklärte er für steuerfrei. Vor seinen Büsten und Standbildern wurden Weihrauchkörner gestreut. Im Osten des Reiches kam das einer Anbetung als „Retter" (griechisch: soter, Heilbringer, Erlöser) gleich. Nach seinem Tod (14 n. Chr.) wurde er zum Staatsgott geweiht. Er bekam einen Tempel zwischen dem Kapitol und dem Palatin. Einundzwanzig ehrwürdige Männer aus der kaiserlichen Familie und staatliche Würdenträger feierten ihn täglich in Gottesdiensten.

Die siebzigjährige babylonische Gefangenschaft des Volkes Israel war 586–538 v. Chr. 538 v. Chr. erfolgte die erste Rückkehr nach Jerusalem, und der Wiederaufbau des Tempels begann.

Kapitel 6:
„Sebaste" ist griechisch für „Augustus".
Zyrene ist heute Lybien.
39-37 v. Chr. befreite Herodes das Land von den Parthern.
Der Krieg gegen die Nabatäer war 32 v. Chr.

Kapitel 7: Lk 2,22-40

Kapitel 8: Mt 2,13-23
Putschversuch der Pharisäer: 4 v. Chr.

Kapitel 9: Lk 2,41-52
Im Religionsunterricht wurde Jesus vorbereitet, ein „Bar-Mizwa", ein „Sohn des Gebotes", ein den Geboten Gehorsamer zu werden. Zum Unterricht gehörten der regelmäßige Besuch des Synagogengottesdienstes und die religiöse Unterweisung zu einem grundlegenden Verständnis des jüdischen Erbes. Auch die Schriftlesungen im Synagogengottesdienst sorgten für eine Befestigung und Erweiterung seiner Bibelkenntnisse.

Kapitel 10: Joh 1,19-28; Lk 3,1-20
Jesus wurde schon 7 vor der Zeitrechnung geboren. König Herodes I. starb 4 v. Chr. Jesu Kreuzigung ist auf das Jahr 30 nach der Zeitrechnung anzusetzen. Von daher leitet sich ab, dass er aller Wahrscheinlichkeit nach 37 Jahre alt wurde und im letzten oder in den letzten drei Lebensjahren (so Johannes) als Wanderprediger und Wunderheiler umherzog.

Johannes begann im fünfzehnten Jahr der Herrschaft des Kaisers Tiberius, die Menschen zu taufen. Das war im Jahr 29 n. Chr.

Kapitel 11: Mt 4,1-11; Mk 1,12f; Lk 4,1-13

Kapitel 12: Mt 3,13-17; Joh 1,29-51; Mk 1,9-11
Die Worte Johannes des Täufers: „Seht das Lamm Gottes!"
stammen aus Jes 53,5 und 7. Den Begriff „Lamm Gottes"
hatte der Prophet Jesajas benutzt, um zu verdeutlichen, dass
der Messias wie ein Opferlamm geopfert werden wird: „Zu
unserem Heil lag die Strafe auf ihm, durch seine Wunden
sind wir geheilt ... Wie ein Lamm, das man zum Schlachten
führt ..., so tat er seinen Mund nicht auf."

Kapitel 13: Joh 2,1-12

Kapitel 14: Mk 1,21-28; Lk 4,31-37

Kapitel 15: Mk 1,29-39

Kapitel 16: Mk 1,35-39; 2,1-12

Kapitel 17: Mk 2,1-12

Kapitel 18: Mk 2,13-17

Kapitel 19: Joh 6.1-15

Kapitel 20: Joh 6,16-59

Kapitel 21: Mt 5-7

Kapitel 22: Lk 7,1-10

Kapitel 23: Mt 13,31-33; 44-46

Kapitel 24: Lk 4,16-30

Dass Jesus wie beschrieben das Schriftwort aus der Jesaja-rolle las und auslegte, war nach der noch heute geltenden Leseordnung im Sommer.

Kapitel 25: Mk 2,18-3,6

Kapitel 26: Lk 6,12-16
Die Zeloten, Partei der „Eiferer", waren aus religiösen Grün-den gegen eine Unterordnung unter die Herrschaft der Rö-mer, gegen die Zahlung von Steuern an die Römer und woll-ten das messianische Reich auch mit Gewalt erreichen. Sie unterstützten den Aufstand gegen die Römer.

Kapitel 27: Lk 7,11-17; 8,40-56

Kapitel 28: Mt 16,13-20
Der erwähnte Philippus, ein Sohn des Herodes, stammte aus fünfter Ehe.
Auf der Kupfermünze mit dem Kopf des Kaisers war auch dessen Name eingeprägt: zunächst Augustus, später Tibe-rius.

Die Stelle, wo Jesus zu Petrus sagt: „Weg mit dir!" ist mehr-deutig. Eine Variante des griechischen Urtextes erlaubt auch die Übersetzung „Geh hinter mich!" (= in die Nachfolge).

Kapitel 29: Joh 4,1-42

Kapitel 30: Lk 10,25-37

Kapitel 31: Lk 17,11-19

Kapitel 32: Lk 18,9-14

Kapitel 33: Mt 19,16-30
Nadelöhrtor nannte man das schmale Nebentor im Torhaus
einer Stadtmauer. War das Stadttor abends verschlossen,
konnten zu spät Kommende durch das Nebentor eingelassen
werden.

Kapitel 34: Lk 15,1-32

Kapitel 35: Mk 9,2-10
Der beschriebene Berg könnte der Berg Tabor gewesen sein.
Der ragt wie ein Kegel aus der Jesreel-Ebene.

Kapitel 36: Lk 18,35-43

Kapitel 37: Joh 11,1-44

Kapitel 38: Mt 2,1-11

Kapitel 39: Mt 21,12-17
Der Aufstand gegen die Römer begann im Jahr 66. Er en-
dete nach vier Jahren mit der Zerstörung Jerusalems und
des Tempels. Der Titusbogen in Rom, ein Triumphbogen
zu Ehren des siegreichen römischen Feldherrn und späteren
Kaisers Titus, zeigt Legionäre, die im Triumphzug den sie-
benarmigen Leuchter aus dem Tempels als Beutestück mit
sich durch die Straßen führen. Siebzehn mal wurde Jerusalem zerstört und auf seinen Trümmern wieder aufgebaut.
Der Einzug neuer Herrscher war jedesmal triumphal, ihr
Abgesang weniger rühmlich. Was wäre aus Jerusalem, was
wäre aus der Welt geworden, hätte sich die Menschheit auf
den Friedenswillen Gottes eingelassen?

Kapitel 40: Joh 3,1-21

Kapitel 41: Joh 7,53-8.11
Nach der damaligen Rechtsordnung hätte bei Ehebruch der
Kronzeuge, zugleich der Ankläger, den ersten Stein werfen
müssen. Dann durften alle anderen mit Steinen werfen.

Kapitel 42: Joh 9,1-12

Kapitel 43: Joh 5,1-18
Der Betesda-Teich heißt in der Vulgata: probatica piscina =
„Schafteich". – Dort gab es fünf Säulenhallen an zwei Be-
cken des Teichs. Sobald das Wasser aufwallte, vielleicht von
einer unterirdischen Heilquelle, wurde der Erste, so glaubte
man, der ins Wasser stieg, gesund. Viele Kranke und Ver-
krüppelte lagen in den Säulenhallen und warteten darauf,
dass sich das Wasser bewegte. – Hippokrates, der berühm-
te Arzt der Antike, hätte hier viel zu tun gehabt. Tatsächlich befand sich in der Zeit von Kaiser Hadrian (117-138 n.
Chr.) neben diesen Teichen ein Asklepios-Heiligtum, kleiner
und unbedeutender als das auf Kos, wo Hippokrates wirkte.
Hippokrates verstand sich nicht auf Wunderheilungen. Die
Wunderheilungen Jesu wiederum waren keine umfassenden
Gesundkuren wie die des Hippokrates. Jesu Jünger hinterlie-
ßen kein medizinisches Gesamtwerk von 70 Bänden, wie den
Corpus Hippocraticum. Irgendwann starben auch die geheil-
ten Menschen. Gottes Heil lässt an der Seele gesunden. Es
schenkt ewiges Leben.

Kapitel 44: Lk 20,20-26

Kapitel 45: Lk 22,3-6

Kapitel 46: Lk 22,7-13; Joh 13,1-20
Die Sederschale mit ungesäuerten Broten, Kräutern, ge-
rösteten Lammknochen mit wenig Fleisch, hartgekochten

Eiern und einem Brei aus Äpfeln, Feigen, Nüssen und Mandeln, mit Zimt braun gefärbt, stehen bei dem Paschamahl auf dem Tisch. Der Auszug aus Ägypten soll vergegenwärtigt und der Dank für die Befreiung nachempfunden werden. Das ungesäuerte Brot (Matze) soll sagen, dass die Israeliten in Eile aufbrechen mussten, dass sie keine Zeit hatten zu warten, bis das Brot aufging. Das Bitterkraut – ein Symbol für die schwere Zeit in Ägypten, der Lammknochen – ein Symbol für die Opferung des Paschalammes, der mit Zimt braun gefärbte Brei – ein Hinweis auf die Ziegel, die sie in Fronarbeit brennen mussten. Das Ei deutet auf die Gebrechlichkeit menschlicher Schicksale und ist zugleich ein Zeichen der Fruchtbarkeit. Der letzte, nicht angerührte Becher Wein – für den Propheten Elija, der vor dem Messias wiederkommen soll.

Kapitel 47: Joh 13,21-30; Lk 22,14-23

Kapitel 48: Mt 26,30-56
Damals gab es noch einen dichten Bewuchs rings um Jerusalem. Die Wälder wurden erst zum Zweck der Belagerung der Stadt (69-70 n. Chr.) von den Römern abgeholzt. In den Gärten und Wäldern gab es Höhlen und Grotten, in denen sie sich verstecken und übernachten konnten.

Johannes behielt die Gefangennahme Jesu anders in Erinnerung. Er erzählte sie so, dass noch einmal die Gottnatur Jesu an der Reaktion der Bewaffneten kenntlich wurde:
Jesus fragte die Schar Bewaffneter: „Wen sucht ihr?"
Sie antworteten: „Jesus von Nazaret."
„Ich bin es."
Erschrocken wichen sie zurück und fielen zu Boden.
Nochmals fragte Jesus: „Wen sucht ihr?"
Wieder antworteten sie: „Jesus von Nazaret."

„Ich habe euch gesagt, dass ich es bin. Wenn ihr mich sucht, dann lasst diese gehen!"
Daraufhin erst nahmen sie ihn gefangen.

Kapitel 49: Joh 18,12-24; Mt 26,57-68

Kapitel 50: aus Joh 18,12-27

Kapitel 51: Mt 27,11-31 a
Die im Hof der Festung Antonia auf einer Bodenplatte eingeritzte Vorlage zum Königsspiel befindet sich heute in der Krypta der Notré Dame de Sion, bei den französischen Zionsschwestern.

Bekannter als „Seht, da ist der Mensch!" ist die lateinische Version von Pilatus' Worten: „Ecce homo!"

Kapitel 52: Mt 27,31b-56
Der Leidensweg Jesu wird durch die Straße Via dolorosa (= Der schmerzhafte Weg) in Jerusalem nachvollzogen. Sie führt durch die Altstadt vom Löwentor zur Grabeskirche.
Simon von Zyrene: Zyrene = altgriechische Stadt im heutigen Libyen
Die Inschrift INRI, Jesus Nazarenus Rex Iudaeorum bedeutet: Jesus, Nazarener, König der Juden.

Kapitel 53: Lk 23, 226-56

Kapitel 54: Lk 24,1-10

Kapitel 55: Lk 24,13-63

Kapitel 56: Joh 21,1-14

Die Siebenquellbucht heißt auf griechisch: Heptagon, arabisch: Taphga.

Kapitel 57: Joh 21,15-23

Kapitel 58: Lk 24,50-53 Apg 1,4-11

Die römischen Kaiser wurden auf Sarkophagen so verewigt oder ließen sich so verewigen, als würden sie, in einer Aureole auf einem Thron sitzend, von zwei oder vier geflügelten Genien zum Olymp der Götter hochgehoben. Nach ihrem Tod wurden sie zu Gottheiten geweiht und in Tempeln gefeiert.